高考热点作家

深度还原考场真题，感受语文阅读题的魅力
一书在手，阅读写作都不愁

绝版的周庄

王剑冰／著

中国出版集团有限公司

世界图书出版公司
上海　西安　北京　广州

图书在版编目（CIP）数据

绝版的周庄 / 王剑冰著 . — 上海：上海世界图书出版公司, 2024.4

（高考热点作家 / 李继勇主编）

ISBN 978-7-5232-1095-6

Ⅰ . ①绝… Ⅱ . ①王… Ⅲ . ①阅读课—中学—教学参考资料 Ⅳ . ① G634.333

中国国家版本馆 CIP 数据核字（2024）第 043848 号

书　　名	绝版的周庄
	Jueban de Zhouzhuang
著　　者	王剑冰
责任编辑	魏丽沪
出版发行	上海世界图书出版公司
地　　址	上海市广中路 88 号 9-10 楼
邮　　编	200083
网　　址	http://www.wpcsh.com
经　　销	新华书店
印　　刷	天津市天玺印务有限公司
开　　本	700mm×1000mm　1/16
印　　张	14
字　　数	174 千字
版　　次	2024 年 4 月第 1 版　　2024 年 4 月第 1 次印刷
书　　号	ISBN 978-7-5232-1095-6/G·836
定　　价	39.80 元

版权所有　翻印必究
如发现印装质量问题，请与印刷厂联系
（质检科电话：022-82638777）

前　言

　　随着语文考试内容的改革，阅读的重要性逐渐凸显出来。近年来阅读题的比重在高考考试中不断加大，阅读内容也越来越丰富，天文、地理、历史、科技等均有涉及；同时，体裁呈现多样化，涵盖散文、戏剧、小说、新闻等。文章涵盖面越来越广，意味着对学生阅读能力的要求越来越高。所以我们应该清晰地认识到，阅读能力的高低直接影响分数，如果阅读能力不过关，那么考试成绩肯定不会理想。

　　"读不懂的文章，做不完的题"一直是中学生面临的难点和困境。这就要求学生不能停留在过去的刷刷考卷、做做练习题，或是阅读一两本课外书的阶段，而是要最大限度地提升阅读能力，理解文章作者和出题人的意图，只有让学生进行大量有针对性的阅读，才是最切实有效的方法。

　　语文知识体系的构建和语文素质的养成，既需要重视课堂学习，又需要重视课外积累。那课外积累应该怎么做呢？高质量的课外阅读是非常有效的，这已经成为提升学生"综合竞争力"的有效手段。因此，我们策划出版了"高考热点作家"课外阅读丛书，为广大中学生提供优质的课外读物。

　　这套系列丛书共8册，每册收录一位作者的作品，选取了该作者入选省级以上高考语文试卷、模拟卷阅读题的经典作品，以及该作者未入选但适合中学生阅读的作品，帮助学生扩大阅读面，对标高考。书中对每篇文章进行了赏析、点评和设题，能够助力学生阅读，有利于提升学生的文学素养、答题能力和答题速度。

本系列丛书收集了在国内高考语文试卷阅读题中经常出现的8位"热点作家"高亚平、乔忠延、王剑冰、王必胜、薛林荣、杨献平、杨海蒂、朱鸿的优秀作品。这些"热点作家"入选高考语文试卷阅读题的作品多以散文为主,他们的作品风格多样,内容丰富,但都具有很高的文学价值和浓郁的时代气息。这些作品不仅对中学生阅读鉴赏能力和写作水平的提升有促进作用,还对中学生的生活和学习具有启迪和指导意义,我们相信这套丛书会受到广大师生的喜爱和欢迎。

新高考背景下的语文学习,阅读要放在首要位置。事实上,今后的高考所有学科都会体现对语文水平的考查。不仅是语文试卷增加了阅读题的分量,其他学科也越来越注重对学生阅读理解能力的考查。提升阅读能力是一项任重道远的工作,重在培养兴趣,难在积累,贵在坚持。只要持之以恒,一定会有意想不到的收获。

第一辑　官渡怀古

▶作家带你练
瓦　/　2
▶名师带你读
神垕　/　5
朝歌老街　/　10
道口·书院·秋声　/　14
官渡怀古　/　19
甘山之甘　/　24
斜雨过大理　/　28
驿路梅花　/　32

第二辑　白水秋风吹稻花

▶作家带你练
日照　/　38
▶名师带你读
春秋那棵繁茂的树　/　42
塘河，江南的一首词　/　49
黄河口的威风锣鼓　/　54
老子函谷关　/　59
三星堆　/　62
遇见"华不注"　/　66
大运河的优美篇首　/　71
白水秋风吹稻花
　　——欧阳修故乡行　/　77
哈尼梯田　/　83
荒漠中的苇　/　89

第三辑　柴桑苍翠

▶作家带你练
绝版的周庄　/　94
▶名师带你读
阳朔遇龙河　/　98
冰山的丛林　/　104
大河壶口　/　109
柴桑苍翠　/　115
春来草自青　/　121
惶恐滩头　/　124
鲲鹏之树　/　129
太行大峡谷　/　135
洞头望海楼　/　141

第四辑　明湖春柳

▶作家带你练
荔江之浦　/　146
▶名师带你读
留一个夜晚，给婺江　/　150
梅雨潭　/　155
明湖春柳　/　160
陕州地坑院　/　164
时光里的黄姚　/　169
太姥山　/　173
潍坊的风筝　/　178
夕阳·大海　/　184
面对一条河　/　190

参考答案　/　196

第一辑 官渡怀古

槐树冈的槐花刚刚开过，楝树便以淡紫的馥郁摇醒了朝露。再过一天就是小满，地里一天天变样了。街坊会说，没听布谷在叫"快黄快熟"吗？叫得人喜喜慌慌的。布谷鸟一叫，官渡最好的时光就来了。

作家带你练

【2016年福建省漳州八校联考高考语文一模试卷】

阅读下面的文字,完成下列各题。(15分)

瓦

①瓦是屋子上面的田地,一垄一垄,长满了我的怀想。离开好久了,怀想还在上面摇曳着。

②我不能进入瓦的内部,不知道瓦为什么是那种颜色。在中原,最黄最黄的土烧成的瓦,也还是瓦的颜色。

③瓦完成了我们的先人对于土与火的最本质的认知。

④当你对瓦有了依赖的时候,你便对它有了敬畏。在高处看,瓦是一本打开的书。我拆过瓦,屋顶搭下来的长板上,瓦像流水一样滑落,手不敢怠慢,一块块像码字样将它们码在一起。

⑤屋子一直在漏。雨从瓦的缝上淌下来,娘要上到屋子上面去。娘说,我上去看看,肯定是瓦的事。雨下了一个星期了,城外已成泽国,人们涌到城里,挤满了街道的屋檐和学校走廊,后来学校也停课了,水漫进了院子。我说娘你要小心。娘哗哗地踏着积水走到房基角,从一个墙头上到房上去。我站在屋子里,看到一片瓦在移动,又一片瓦动过之后,屋子里的"雨"停止了,那一刻我感到了瓦的力量。

⑥<u>鳞是鱼的瓦，甲是兵的瓦，娘是我们家的瓦。</u>

⑦风撞在瓦上，跌跌撞撞地发出怪怪的声音。那是风与瓦语言上的障碍。风改变不了瓦的方向，风只能改变自己。瓦的翅膀在晚间巨大的空间飞翔。

⑧屋不嫌瓦丑，屋子实在支撑不住了，将瓦卸下，做好下面的东西再将卸下的瓦盖上去。瓦是最慢的事物，从第一片瓦盖上屋顶起，瓦就一直保持了它的形态，到机器瓦的出现，已经过去了两千年时光。

⑨我一直不知道由土而成为瓦，是物理变化还是化学变化，叫作瓦的物质，竟然那么坚硬，能够抵挡上百年岁月。瓦最终从颓朽的屋顶上滑落，在地上落成一抔土，那土便又回到出地去，重新培养一株小苗。瓦的意义合并着物理和化学双重的意义。

⑩在人们走入钢筋水泥的生活前，瓦坚持了很久，瓦最终受到了史无前例的伤害。

⑪一个孤寡老人走了，仅有的财产是茅屋旁的一堆瓦，那是他多年的积蓄，每捡回一片较为完整的瓦，他都要摆放在那里，他对瓦有着什么情结或是寄望？他走了，那堆瓦还在那里等着他，瓦知道老人的心思。

⑫邻家在瓦上焙鸡胗，瓦的温度在上升，鸡胗的香味浮上来，钻进我的嗅觉，我的胃里发出阵阵声响，鸡胗越发黄了起来，而瓦却没有改变颜色。瓦的忍耐力很强。

⑬下雨了，我顶着一片瓦跑回家去，雨在地上冒起了泡泡，那片瓦给了我巨大的信心，我快速地跑着，我的头上起了白烟，闪电闪在身后。

⑭瓦藏在草中。一坡委顿又复生的草，一片不再完整的瓦，不知道谁将它遗失，它一定承受过很长的岁月，没有可去处，不在这里又会去哪里呢？阜里埋着各种形态的瓦。这是一个废墟。<u>我看到了瓦下面的时光、欢乐甚至痛苦。</u>

⑮一片瓦在湖上飞。水上起了波澜，波澜变成花朵，瓦沉在花

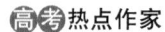

朵下面，等待重新开花。

⑯一条狗衔着一片瓦跑过来。不知道狗对这片瓦有什么情愫，难道它认得这瓦或这瓦的主人？

⑰我不知道瓦的发音是如何出现的。瓦——，我感到那般亲切。好久听不到这种亲切了，或以后愈加听不到这种亲切了。

（摘编自《人民日报》）

1.下列对作品的概括与分析，不正确的两项是（　　）（　　）（5分）

A.文章开篇运用比喻，引出"我"对瓦的怀想。"长满"形象地写出"怀想"的丰富，"摇曳"写出了"怀想"的不时浮现。

B.第④段说"瓦是一本打开的书"，既形象地写出屋顶上"瓦"的形态，也为下文叙写瓦在人们生活中的种种作用张本。

C.第⑤段描写"娘"在雨中修复屋顶这一细节，意在抒发"我"对"娘"的感激之情，表达"我"对"娘"的深切怀念。

D.第⑦段说"风改变不了瓦的方向"，突出了瓦坚定不移的品性；"瓦的翅膀在晚间巨大的空间飞翔"，写出了瓦的灵性。

E.文章运用托物言志的手法，写出了瓦的朴实无华与充满力量，启迪人们应该像瓦一样脚踏实地，充实自我，有所贡献。

2."鳞是鱼的瓦，甲是兵的瓦，娘是我们家的瓦"这句话在文中有何作用？请简要分析。（4分）

3.请根据文本，探析"我看到了瓦下面的时光、欢乐甚至痛苦"这句话的含义。（6分）

名师带你读

神垕

名师导读

《神垕》是由作家王剑冰所创作的一篇与钧瓷有关的散文，作家由神垕特有的土质引出钧瓷的烧制，由"做瓷"联想到"作词"，为读者呈现了宋王朝的两大艺术瑰宝。另外在文中作者还通过卢师傅开窑失败来写钧瓷烧制的不易，表达了一件完美瓷器的难得与可贵。

大龙山，你在中原隆起，绵延无限远，我看不到你的尽头。有人叫你大刘山，那是避讳当年皇宫里的至尊吗？实际上你同一条根脉紧紧相连。也许，龙亭里眯起的眼睛朝南望，就能望到你龙一样的雄姿。① 而在你的脚下，人们正利用你的特有的土质，燃烧起一条条火龙，火龙里诞生的奇妙的钧瓷，源源不断

❶ 作者在文章开头先谈大龙山，继而引出大龙山特有的土质，人们利用这里的土质烧制了一件件精美的瓷器，为下文写钧瓷做了铺垫。

地进入大宋皇室的深处。

　　我来的时候正是深秋，山上依然蓬勃葱茏，各种巨石像鳞片闪露在阳光下。我想不明白是怎样的一种土，千年不尽，支撑了炉灶里的辉煌。我依然看到这个叫作神垕的地方，隐藏着神一样的神秘。①为何名神垕？字典上的"垕"字，只为你一地专有，那是"皇天后土"后两字的集合体，而前面加一个"神"，比"皇"更有了无尽的意象。

　　神垕，我与你不期而遇，真的，我在车上打了个盹，一睁眼竟然就扑到了你的怀里。我已经感觉出这次抵达的幸运。那些昨日的烟尘和现实的幻象搅得我有些心神不宁。②我在心神不宁中小心翼翼地走进一个个院落，诚惶诚恐地观察每一个窑址，毕恭毕敬地抚摸那些浴火而生的神物。

　　钧瓷上的一束束光直接打开了我的心室，那层层开片让我感到一种疼痛。大宋，你离去了近千年的时光，但是你造就的辉煌却是一直光照着历史，以至于那不屈的泥土在这里从来没有停止续写出瓷的华章。

　　一个个瓷窑隐居在神垕的各处，表面上看不出热火朝天的景象，但是越过一些墙头，会看见一排排打磨好的泥胎，看见堆积的泥土、煤块、柴棒。最古老的烧制就是柴烧，柴烧的饭香，柴烧的瓷也好吗？岁月中，有多少不忍和不舍？

　　走进一条古街，不宽的街巷两边都是明清时期的老房。当地人说："你没有看见过，当年这些老房子深处，都是钧瓷作坊。"③早晨叮当的阳光里，一队队马帮驮着泥土和柴草或者精美的瓷器踏响青石的路面。路面上，有人扛着担着做好的半成品，穿街过巷，走

---

❶ 作者详细地解释了"神垕"这个名字的由来，为"神垕"蒙上了庄重神秘的面纱，这里的土似有神力一般，支撑了炉灶里千年不尽的辉煌。

❷ 作者连用了"小心翼翼""诚惶诚恐""毕恭毕敬"三个表示态度的成语，表达了神垕的神圣以及作者的崇拜敬畏之情。

❸ 作者通过丰富的想象还原了当时的钧瓷作坊，"一队队""穿街过巷""川流不息"等词描绘出了当年神垕繁荣喧闹的瓷场，给予读者身临其境般的感受。

入各个作坊。到了饭时,男孩女孩提着饭罐川流不息地给大人们送饭。那时的神垕,就是一个大的瓷场,所有的活动都围绕在瓷场的秩序中。

整个神垕依山就势错落成美妙的图景。走过一棵棵老槐、野桑和皂角树,来看那些老窑。有些窑就在半山,人住的石头窑洞,烧的石头窑体,放眼是山下无尽的苍茫。

每年的农历十六,火神庙开始祭火神。烟雾缭绕,旗幡飘摇。火,对于神垕是那么的重要。①所有钧瓷的烧造,都是火的艺术,更是火的魔术。钧瓷的图形和色彩不是事先画出,全凭窑变而成。那样,一切就全在想象中。那是幻想与火神共同的勾画,是一种匪夷所思的超越和飞翔,充满了翻空出奇的期待,异想天开的盼望。

看见一个窑炉门上贴着对联:求仙翁窑中放宝,赖圣母炼石成金。

②卢师傅拘谨地打开一个窑门,那里的火焰早已熄灭,他絮叨着什么,在众人面前带着一点矜持,似乎大家要看他掀开盖头的新娘。他终于打开了封口,恭谨地取出一件大洗,那洗怎么了?完全没有那种流光溢彩,而像一个锈迹斑斑的出土文物。再取出一件,还是同样。它们是在抵达生命辉煌顶点的时刻遭遇了不幸。那粗糙斑驳的外形,表明它们经受了多么艰难的过程。

满怀期待的人们散去了,老卢还在看着两件不成器的东西,拿起又放下。我似乎体会到了他的内心。炉子边上,一堆打碎的瓷片,堆满了烧瓷人的情感。那是瓷殇。

❶ 作者在这里解释了为什么神垕如此神圣,如此令人敬畏,因为这里盛产的钧瓷是火的艺术,也是火的魔术,它的图形色彩不是事先绘制的,而是全凭窑变这种无形的魔力。

❷ 作者将卢师傅要打开的窑门比喻成要掀开盖头的新娘,表现出了卢师傅的拘谨含蓄,同时也说明了钧瓷烧制的不易及一件好的瓷器是多么难得。

❶ 正所谓"物以稀为贵",钧瓷的可贵来自它烧制的不易,成功与否与"火神"的眷顾密不可分,一件好的钧瓷作品足以令人惊喜。

❷ 作者借一个女孩对瓷瓶景仰的神情写出了自己对神垕这个地方的景仰,并由这种感情延伸到爱,突出了作者对钧瓷的喜爱之情。

❸ 作者在结尾处对文章进行升华,由瓷器的烧制联想到词的创作,"做瓷"同样也是"作词",做瓷者和词人一样,都使宋朝在历史上留下了难得的艺术瑰宝。

① 当地有说:"十窑九不成。"火的惊喜、幻想的惊喜、等待的惊喜的到来,一次次竟是那么的不容易。

走进钧瓷艺术馆,就像进入了一个瓷海,我似听到叮当的开片啸闹成一片秋声。我看到形状各异的精魂在起伏腾跃,色彩的空间里潮一样汹涌。

你的曲线为何这般柔润迷离?你的色彩为何这般大胆恣肆?还有你,你的花片为何这般勾心摄魄?经过长时间的静默与忍耐、摔打与烧灼,火给了你怎样的折磨与唤醒,给了你怎样的调教和激发,使得你如此觉悟开化?一千三百度的浴火而出,每一个都成为仪态万方的精灵。

② 一个女孩站在一个瓷瓶前,带着景仰的神情,伸出手又缩回来。我知道那种感觉,有一种爱就是这样,想看又不敢看,想摸又不敢摸,别后的回味比现场还深刻。我知道,在那一刻你已经和她心脉相通。

神垕,你将我从喧嚣中摆渡过来,让我有了一时的安宁与沉静。尤其是看到那些聚精会神的做瓷者。

竟然还有女工艺师,她们长发飘逸,姿态端庄。无声的时间里,一腔热爱倾注于一抔泥土。又有人进来,流露出欣喜:"看呀,她们在做瓷!"

声音里,你会把做瓷听成"作词"。③ 宋瓷中闪现着多少艺术的精粹,怎么能不说她们在作词呢?是的,她们作着八声甘州,作着水调歌头,作着沁园春、临江仙、菩萨蛮,那从宋代遥遥传来的,就是一首首或婉约或豪放的美妙的宋词啊。

延伸思考

1. 文章中对"那时的神垕,就是一个大的瓷场"的想象有什么作用?

2. 文中作者为什么提到了"求仙翁窑中放宝,赖圣母炼石成金"这副对联?

3. 由"做瓷"到"作词",你能想到什么?

朝歌老街

> **名师导读**
>
> 提到朝歌，你最先想到的是什么？是令人闻风丧胆的纣王摘星台，还是图穷匕见刺秦王的荆轲？是源远流长的淇河文化，还是扬名四海的牧野古战场？王剑冰的这篇《朝歌老街》以"老街"为描写对象，从"老街"的时代烙印以及生命的传续等方面写出了朝歌的前世与今生，一起来看看吧。

朝歌老街，老得苍颜皓首，气宇轩昂，它上接殷商的那个春天，下至今天的这个早上，而后直至地老天荒。站在文昌阁望过去，你会望见三千年的苍茫与沧桑。

① 作为商朝晚期帝都、周朝卫国京都的朝歌，东临淇水，西依太行，是物华天宝之所，山水护拥之地，曾三城相套，九门相照。淇园重彩叠翠，城河碧波环绕，更有摘星楼威震八方。朝歌是东方历史谱写的乐章，

❶ 作者详细介绍了朝歌的地理位置及其作为古都的历史，对王勃《滕王阁序》中"物华天宝"一词的引用彰显出作者的积累之深厚，增强了文章的文化底蕴。

老街亦当是中国文脉不容忽视的部位。

朝歌老街,老到了岁月的骨子里。它的下面,叠压着五百年的建都史。①纣王的车辇在这里碾过,妲己的香艳在这里飘过,《封神榜》的故事在这里演绎,《诗经》的斑斓在这里闪烁。

"朝歌夜弦五十里,八百诸侯朝灵山。"赫赫场景还在影视中上演。"瞻彼淇奥,绿竹猗猗。""邦畿千里,维民所止。"声声浩叹仍旧余音漫卷。哪里是当年比干、箕子的宅院?庄姜和许穆夫人的身影,曾在哪个巷口闪现?荆轲壮士的故居,从何处迈进门槛?王维、岑参、高适来时,留宿于哪处客栈?天地翻覆,风云变幻,没有人说得清楚。这时你会想,你是看不清老街的,你看到的,是老街的虚幻。今天仍有动听的方言,广布着朝歌的风土人情、故事传闻、戏曲唱段,或都与老街有着千丝万缕的关联。老街不可复制,老街的气质里有着朝歌的灵魂,藏着沉厚的文化积淀与人格体系。世事变化改变不了老街的意识,它仍承商卫之余绪,带明清之温情,接近代之记忆。此中过往,你或有人面不知何处去的感慨,更有桃花依旧笑春风的惊叹。

朝歌老街,老得无与伦比,到处是深深浅浅的时代烙印。一个老井,半街筒子的人都来打水,一座食堂,留住一条街的口味与排场。②老浴池回荡着痛快淋漓,老书店翻动着诗书雅章,两百年的店铺依然吐纳人间烟火,数十年的剧院仍在传出粗喉亮腔。老牌楼、老石桥、老酒馆、老作坊,无不泛着时间的包浆。不定哪里一块碑石,上面所载不是明嘉靖也是清顺治年间。走进这样的老街,喜欢是藏不住的,嘴巴不说,眼睛也会说出来。

❶ 耳熟能详的历史人物纣王妲己、家喻户晓的《封神榜》以及朗朗上口的《诗经》,都与古都朝歌紧密相联。

❷ 作者在这一段描写中运用了很多"老"字,老浴池、老作坊、老酒馆等皆是时代的烙印,也体现了朝歌老街文化的传承。

高考热点作家

❶ 作者运用拟人的修辞手法将皂角、海棠和香椿等植物比作朝歌老街的乡里乡亲，它们也是老街的一分子，并以主人的姿态打量着远道而来的"客人"。

❷ 这一段的描写十分生动形象，作者将夜和老街拟人化，运用动作描写写出了老街的狭窄以及夜幕降临时老街的安静恬淡。

❸ "小"和"老"是一对反义词，"小女"和"老街"有着新和旧的意味，朝歌老街虽然历史悠久，但这片土地上时刻焕发着新的生命，为老街注入源源不断的新生机。

朝歌老街，老得有时会疼。偶尔哪里会有片瓦滑落，哪里会塌掉一个脊檐。不时地整修，不时地唤回。生命的传续，使一个个院子充满了神秘。一座座瓦屋挨在一起，挨着才踏实，才安逸。每一条胡同，都是老街的经络，深入进去，似永远到不了头，每一道拐弯，都藏着一个景致。①总能见到墨团一般的老皂角、老海棠、老香椿，它们乡亲般厮守着，帮老街打量远来的风和远来的人。

朝歌老街，老得有些想你。风在向南吹，南来的大雁，划过老街的上空。不断念家的人，会不断地走来，在乡愁里找到儿时的记忆，而后寻一处住下，守着瓦，与明月来一次对饮。长久的渴望与追寻，终有一天被老街一语道破。当然，不忘品一品这里的无核枣、缠丝鸭蛋、淇河鲫，翻翻厚重的殷商文化，登登鬼谷子的云梦山，喝喝灵山上的灵泉，体味一下"珠水横襟无限碧，古城隔岸有余青"的沫水与大地。

朝歌老街，老得让人回味。黄昏起了微烟，老街的砖瓦、石条、树和竹都带了烟气，烟气同淡蓝的色调融在一起，渐渐融成了夜。亮起的红灯笼，增加了夜的凝重。偶尔有门响，随即又陷入静寂。哪里起了琴声，悠悠扬扬的。槐花在这声音里降落，一片片地白了坑塘。②夜挤在窄窄的过道里，挤出老街悠长的鼾息。你只要在这样的地方闭一闭眼，就会掉入深深的睡眠。当朝霞染红街角，哪里出现了第一声吆喝，店铺开门声次第响起，老街又开始了崭新的一天。每一个生活在这里的人，都把自己活成一滴水，滋润生命的安适与舒展，滋润共同的自信与自豪感。

黎明刚洒过雨，石板尚有些潮湿。③上面跑过一个小女,带有水音的脚步,被阳光一格格牵着,让老街有了一连串的脆响。

老街不老,朝歌常新。

1. 文章中作者为什么说老街不可复制?

2. 作者是从老街的哪几个方面来写朝歌的?

3. 文章中反复提到老街的"老",为什么结尾处作者又说老街不老呢,你是怎样理解的?

道口·书院·秋声

> **名师导读**
>
> 这篇文章的题目非常特别，作者用几个看似毫无关联的词语组成文章的标题，其实通读文章会发现，这三个词语是对整篇文章的高度概括，且三者之间存在一定的情感上的递进关系，作者由道口写到欧阳书院，再由欧阳书院写到欧阳修，行文流畅，逻辑清晰。

一

我的记忆在涨水，我曾经来过道口镇。① 那个时候我还很小，我天真地寻找着那个道口。一定是有一个道口的，它在摆渡着来往，引导着方向。

可是我没有找到。

现在我依然在道口徜徉。有个声音告诉我，欧阳书院就是道口的标志。我看到一扇门无声地开启，一股清风灌了满怀，我的怀里立时温热起来，心里在荡舟。

❶ 这里的道口具有多重含义，表面上是指道口镇的道口以及地理意义上的路口，实则也指人生的路口，它指引着前进的方向。

我曾经找过的那个历史的道口,就芳香四溢地站在四通八达的地方。

二

滑州,你是作为一个音符在那里发着骨感的声响吗?你的卫国的月光里,飘着许穆夫人的裙裾,伴着一曲未经化妆的绝唱,在时光深深的庭院里舞蹈。

①那个在乎山水之间的人也在乎"庭院深深深几许",他找到这里的时候,"星月皎洁,明河在天",一缕秋风正在流浪。他记住了那个朴素的路碑,正如多少年后我们循着那个路碑,毫无偏差地找到你。

三

我试着像欧阳修一样在秋声里沙哑地歌唱,真的,我真的在那种歌唱里越过了灵魂的高峡,在一片清澈而亲切的水上飞奔。

水的四周是辽阔的北中原,中原一派玄黄。②一个个经过无数次痛苦和愉悦而繁衍的村庄,把这玄黄连缀起来,就如汉赋、唐诗、宋词的连缀一样,将广袤和丰收连缀起来。一个人从广袤和丰收里站直弯着的腰身,甩出一串汗水,那汗水变成了飒飒秋风。

带着秋香的风吹过大地,大地上一片繁忙。欧阳修来的那天,是否也是这样的景象?我去过欧阳修的家乡,正是"白水芦花吹稻香"的季节。

❶ 众所周知,欧阳修虽寄情山水但也有所忧愁,作者引用欧阳修的词和赋来说明他的心情,"一缕秋风正在流浪"的写法使文章充满诗意。

❷ 作者将一个个把玄黄连缀起来的村庄比喻成汉赋、唐诗、宋词连缀广袤和丰收,使文章充满着浪漫主义色彩。

四

　　一群学子的声音水一样缱绻在风中，我听到了你们的歌唱，不，不惟是我，我身后那个摇摇晃晃的醉翁也听到了你们的歌唱，他激动得抖动着胡须，陷入了沉沉的回忆，似乎感怀人生中那两次短暂的行程，感怀历史的理解和千年中滑州人的感情。欧阳公，六一居士，你始终让心居住在孩童中吗？你的生命里，重叠着那个儿童的节日，我们叫起来是那么亲切。

　　声音就这么缱绻地流着，我在这流水里偷偷地闪着自己的泪光。我回头看欧阳公，欧阳公的眼睛里映着清澈的天空。

五

　　欧阳书院已成卫河边的一道风景，我在这夜晚的风景中久久不能成眠。

　　①秋风赋过大地，我随风扶摇而上，看一个人怎样地对天惆怅，惆怅中又带有着怎样的调侃与放浪。你一定流过泪，没有泪水的男人是不真实的，只是我没有看见。故乡沙溪旁，满头白发的芦花摇出的风，一直吹过卫水，抖乱你的衣衫。

　　"草木无情，有时飘零。"人生不可能长驻春天，那就在秋天里扎下根，把春天重新孕育。②绵州、夷陵、扬州、滁州、滑州，欧阳公，你把坦荡和豪情种植在这些山水的深处，让它们长出思想和灵魂，长出文字和墨香，没有人知道你的痛苦，正如不知道你的快乐。你看，童子都睡了，你露出了宽怀的笑意。

❶"秋风赋过大地"是对欧阳修所写的《秋声赋》的化用，惆怅中带着调侃与放浪，表达了欧阳修豁达淡然的情怀。

❷ 作者采用第二人称进行写作，更具亲切感，仿佛和欧阳修进行了跨越历史的对话，这样写使叙述具有抒情意味，表达了作者对欧阳修的赞颂。

深秋的风重复着重复着,一直重复到现在。

其实我不该想起这些,我应该想起醉翁亭的快意,想起蝶恋花的清香,可我还是忍不住。我还想起你的直率,你的不屈,你的无愧。就让我这样多想一些吧,想得多了,我就离你越来越近了。

不,我一点都不怀疑你的意志,你只是借助秋风放飞一下自己的思绪,就如你放飞吹落的一根胡须。"人为动物,惟物之灵,百忧感其心,万事劳其形。"谗佞的草在你的跟前,早拂之而色变,《秋声赋》后不知去向。

① 滑州,让我搬运些秋声走吧,我要把它扎成生命的篱笆。

❶ 作者想要搬运秋声,实则表达了自己对《秋声赋》的喜爱与赞扬,欧阳修豁达超然的性格是作者想要学习和所敬佩的。

六

在欧阳中学,我看见那些不老的风,在雨中丝丝落地,长出又一茬嫩苗。风雨之间,千岁欧阳依然"子夜读书"。

② 欧阳书院,请允许我作为你的一位晚来的学子,让我再坐在那方舢板样的小桌前,用我满腹的激情诵出:"初淅沥以萧飒,忽奔腾而砰湃……"

❷ 欧阳书院是在欧阳修任滑州通判时所修建的"画舫斋"的基础上建成的,体现了历史的传承,作者对它的喜爱之情溢于言表。

延伸思考

1. 作者在写作文章时,仿佛欧阳修就在自己的身旁,这样写的用意是什么?

2. 你是怎样理解"人生不可能长驻春天,那就在秋天里扎下根,把春天重新孕育"这句话的?

3. 文章的结尾处作者用了省略号,这样写有什么好处?

官渡怀古

名师导读

在这篇文章中，作者从官渡之战写到了官渡现在的发展：虽然从一些村名中仍能窥见当年战争的影子，但如今的官渡早已是闻名遐迩的大蒜和西瓜产地，这里有园艺场有绿博园，有雁鸣湖也有牟山湿地，丝毫不见战争的影子。朝代更迭，历史变换，曹袁两军当年的争夺终究是竹篮打水一场空，和平发展才是人们所希望的，也是历史的主流。

一

❶槐树冈的槐花刚刚开过，楝树便以淡紫的馥郁摇醒了朝露。再过一天就是小满，地里一天天变样了。街坊会说，没听布谷在叫"快黄快熟"吗？叫得人喜喜慌慌的。布谷鸟一叫，官渡最好的时光就来了。

真的是大平原，风一吹就吹到了天边。除了树木和庄稼，没有什么遮挡和起伏。难怪这里有一场大战，

❶ 文章开头用拟人的修辞手法进行写作，"摇醒"一词用得十分精妙，赋予了楝树人的性格，仿佛一个天真快乐的小女生，显现出万物蓬勃生长的景象。

❶ 作者详细描写了官渡的地理位置，解释了官渡的重要性，其是所谓"兵家必争之地"，进一步说明了官渡之战爆发的原因之一以及夺得官渡对两军的重要意义。

❷ 历史就是这样，可谓是"失之毫厘，谬以千里"，一个英雄人物对历史的作用是不可否认的，他们做出的选择也在一定程度上影响了历史的走向。

❸ 官渡之战是三国时期的重要战役，也是历史上著名的以弱胜强的战役，作者引用诸葛亮对此战的评价赞美了曹操的谋略以及他知人善用的优秀品质。

人马和战车跑得起来呀。看着一望无际的绿，偶尔会想起那场烽火萧萧的厮杀。

福泉说官渡之名来源于一条水，官渡水，它连着古人开挖的运河鸿沟。①鸿沟西达广武和虎牢，东下汴淮和泗水。如此，南倚嵩山西依邙山北临黄河的官渡，绝对是袁绍夺取许昌的要津，许都不保，曹操也就没戏了。袁绍当时统领大军10万，气势勃汹。曹操只有2万兵力，在非势均力敌的情况下，为保许都，只有迎头在官渡布阵，同袁绍决一雌雄。

这个时候，刘备属曹操麾下，多少还有些优势可言。但是刘备走了机会主义路线，在曹操部署作战时，突然举兵占领下邳，并联系袁绍合力攻曹。这给曹操和袁绍各带来一个坏消息和一个好机会，得坏消息者努了劲也要拔除肉刺，有好机会者却不听田丰"举军而袭其后"的建议，致使刘备单挑而溃败，曹操征讨后从容回军官渡。这个后悔药袁绍到死都没吃完。②曹操此役还迫降了关羽，如果曹操像对待吕布一样对待关羽，刘备后来的大势就很难说。反过来，刘备不叛离曹操，两股力量相合，也许中国能早几百年统一，不会发生三国纷争两晋动荡及后300年乱世。这当然是臆想，史上的事情难说。

结果是，袁曹两军你争我夺相持近一年，袁绍烦不能胜，曹操更是力不可支。但曹操还是抓住机会，两次烧了袁绍粮草。那个即将见分晓的倒计时，来自曹操舍命率队偷袭。③此时，在茅庐中冷眼观望的诸葛亮不免感叹："曹操比于袁绍，则名微而众寡。然操遂能克绍，以弱为强者，非惟天时，抑亦人谋也。"是的，曹操用人又信人，使得荀彧、荀攸、许攸都在关键时起了作用。也有史家说，曹操攻淳于琼烧粮草，固然是有胆气的孤注一掷，他的能耐，还在历久坚守而挫了袁军锐气。

大平原给了曹操放马驰骋的天地，官渡之战炼铸了曹操的性情与格局，并影响他之后的抱负和文学上的成就。

二

福泉所在的官渡桥村，是同官渡联系最紧密的地名。几位老人在颇有规模的官渡寺前闲待着，同他们聊起来，知道这里原来还有官渡台，当地人称"曹公台"，而官渡寺也是一个屯兵的地方。官渡桥还辖一个小村逐鹿营。提起逐鹿营，老人们兴奋起来，七嘴八舌地说着。①曹袁两军对垒的时候，曾为争一头小鹿在此发生激战，结果曹操的人得到了，因而群情振奋，最终扭转乾坤。这是逐鹿的结果吗？这么说，那头鹿或是上天投下的制胜砝码？

我的眼前奔跑着一头仓皇的小鹿。对于鹿来说，死于谁手都不是一个好结局。

③问起周围的村子，说还有草场村，是曹操粮草的囤积地，还有仓砦村，也是当时的战备仓库。还有吗？有吗，一位老人手一指，前面的水渍村，曹操水淹袁绍的地方。不免慨叹，只有在这里，才能深切感觉出这些村名伴随的铁马黄尘。

天空飘起细雨，在官渡大地上行走，时光留下了诸多回味。曹操一生征战，劳心劳力，官渡让他扬名，赤壁使他毁誉。闹腾的结果，江山成了司马氏的。司

❶ 后人往往喜欢为历史冠以神秘的色彩，当年曹袁两军所奋力争夺的那头鹿，似乎早已在冥冥之中暗示了历史的结局。

❷ 草场村、仓砦村、水渍村，这些村名与当时的历史密切相关，千百年后，当初的刀光剑影与尸横遍野皆被黄沙掩盖，后人也只能从中窥见一二了。

马氏闹腾半天，江山又到了别姓手里。曹操若有知，会觉得此前一切争斗都毫无意义。

三

自古道：得中原者得天下。难道中原就是意象中丰润纯美的鹿？中国八大古都，中原占了四个，还有两个没算上，一个商丘一个许昌。官渡恰在其中央。这些地方都在逐鹿中原中毁毁立立废废兴兴，一个个朝代也像地里的苗，一青一黄地过去。青黄交替中的官渡却愈加繁荣，愈加葱茏。①昔日的战场变成了闻名遐迩的大蒜和西瓜产地，变成优雅芬芳的园艺场和绿博园，变成乡情纯馨的雁鸣湖和牟山湿地，人们从八方来，来享受清洁的气息和和谐的色彩，也算是一种文明的衍变吧。"神龟虽寿，犹有竟时。腾蛇乘雾，终为土灰。"曹操所引领的慷慨雄豪的魏晋风骨，倒是一个提醒，打打杀杀只能留下一个个案例，和平与文化的影响，才能进入恒久。

一群游人由远而近，笑闹同细雨搅在一起。②随风飘来谁的歌声，悠扬而沉郁，声声砸在厚实的土地上："暗淡了刀光剑影，远去了鼓角铮鸣……"

❶ 白云苍狗，沧海桑田，当年的打打杀杀早已不复存在，官渡成了远近闻名的果蔬产地，作者从历史写到现在，得出了和平才是人们最终追求的结论。

❷ "砸"这个词将声音具象化，表现出了它的力量，远离了刀光剑影与鼓角铮鸣的世界才是人们向往的世界，表现出了和平才是历史的主流。

延伸思考

1. 从作者对官渡之战的描写中，你觉得曹操是一个什么样的人？

2.请简要赏析"我的眼前奔跑着一头仓皇的小鹿。对于鹿来说,死于谁手都不是一个好结局"这句话。

3.文章倒数第二段作者引用了曹操《龟虽寿》中的诗句,这样写有什么作用?

甘山之甘

> **名师导读**
>
> 这篇文章由甘山的柿子树入手，将甘山的"甘"与柿子树的"甜"联系起来，描写了一幅幅充满诗意的画面，接着写到了甘山天女散花般的叶子雨，最后由甘山联想到杨玉环，由杨玉环的爱情写到现代甘山男女的爱情。作者从甘山的物产和景色写到甘山的人和情，情景交融，较为全面地向读者介绍了甘山。

我们来甘山的时候，已是深秋。甘山上一片艳丽的色彩。

①上午阳光斜射，把一片片树的叶子都染亮了，聚在树的下面往上看，能看得魂牵梦萦。那是城里少见的色彩，每一片叶子都在风中旋转，打着它们自己的旗语。

最好看的是甘山的柿树，模样一般大小的柿子红在枝上，或单个，或成串，叶子遮不住，就让它们把

❶ 魂牵梦萦是指为某事牵动灵魂，萦绕于梦中，形容万分思念。这里表示作者被甘山秋日的美景打动，沉浸其中。

一棵树渲染成红艳。甘山上到处都是这样的一棵一棵的柿子树，不知甘山的甘与此有没有关联。①北京有个香山，十月的时候，人们都奔了香山，为的是看那里的红叶。香山之香与甘山之甘，都有着共通的东西，说不定在甘山，除了香还多了一个甘呢。主人说，时间再深些，这树上的叶子会全部落完，唯剩了一树的柿子，那时就像挂着一树的灯笼。随着风的摇，熟透的柿子会掉落下来，你只需伸出手，就能得到一枚甘甜。多么富有诗意的画面。

②有人说，在平原地带，过去遇荒年总是饿死很多人，而甘山一带这样的事却很少发生，山上可以果腹的东西实在是太多。因而这里过去是闹革命的好地方，是躲日本鬼子的好地方。这里就像一片世外桃源，要吃的有吃的，要喝的有喝的，而且用现在的话说，是真正的绿色食品。

山里出好颜色，陪同我们的两个女子，说到甘山总是眉飞色舞，显出难抑的自豪。这帮子写散文的都说她们像甘山的散文。一个男士还真同她们探讨起散文来，说不清是形散还是神聚，是开头还是结尾。

风越大了，树上的叶子可劲地旋，满树都是红色的响，而后满山都是。而后就看到一片红的舞。真真正正的大风歌。大风起兮云飞扬，云就是叶，纷纷地扬，哗哗地响，整个甘山欢动了。

③走在山道上的时候，觉得是雨，其实是叶子唰唰啦啦地落，你真是想象不到有多少叶子在落，就像天女在散花，风这时就是天女，那叶子落在身上，落在脸上，迷了眼，乱了心。脚下一会儿就成了松软的地毯。

❶ 作者由甘山联想到香山，香山红叶漫山，甘山柿树飘香，二者都能带给人快乐与美的感受。

❷ 俗话说"靠山吃山，靠水吃水"，甘山上有着丰富的可以果腹的食物，养育了这一方水土，这或许也是过去革命者藏身于此的原因。

❸ 作者用比喻的修辞手法写出了叶子落地时的唯美浪漫，仿佛是天女在散花一般，让人看得十分入迷，醉在其中。

伴着响的还有蜿蜒而下的山溪，清清的水上也漂了一层的叶，有些叶子落下又变黄了，红红黄黄的更有了色彩。色彩被山溪输送带似的送向山外，像一条泼满胭脂的香溪。

还真是想到一个女子，杨玉环，这陕县老杨家的女子，她可是在这样的环境里长大，可是住过地坑院？①昨晚大家从平地上下到建在地下的四合院的时候，简直要惊叫了，仰头看天，天成了方的，像打开了一扇天窗，一窗的黑，在城里从来没感到这么的黑，也就越发地感到星星的多，星星的亮。四合院是窑洞的聚集，一孔孔的窗子透出一格格的光亮，显示着生活的活力。有的地坑院，已经过了数千年时光。静静的乡间，哪户小门吱呀一闪，就闪出个杨家的女子。②杨玉环一定在这甘山不远，周围的百姓都这么说。说不定也来甘山赏过红叶，吃过这里的柿子。也走过那条官道，翻过那架不大的山包，山上至今还留着深深的车辙。杨玉环在这里出落得天生丽质，像一颗红透的柿子，被大唐摘走了。由此便有了一个惊心动魄的爱情故事。

③在甘山的红里走，在甘山的风里走，就见到一对对的男女，笑着、跑着，迎着风，迎着叶，感染着爱情的浪漫。听那口音，有本地的，有外地的，而笑声都是一样的了。不用说，里边也有叫环的，叫红的，叫风的，叫叶的。他们同甘山融在了一起。

喝了甘山的水，品着甘山的特产，感受着甘山的红和甘山的笑，就觉得，甘山是让人心甘的，情愿地来，心甘地去，留一生的好想头。

真的雨下来了，初开始以为还是纷扬的叶子，慢

---

❶ 远离了城市的喧嚣，乡村给人以难得的宁静，作者将在四合院看天空时的感受比喻成像开了天窗一般，生动形象地写出了当时的场景，使读者仿佛身临其境。

❷ 作者发挥合理的想象，试图勾勒出当年杨玉环生活的一点踪迹，为甘山又增加了一个使人印象深刻的记忆点。

❸ 作者由杨玉环的爱情写到了甘山男女的爱情，甘山这片让人感受到幸福的土地，时刻传递着浪漫与温情。

慢地身上就有了潮意，脸上带了水汽。雨随着风，随着叶好像不是一滴滴下来，而是一片片下来。

① 等我们跑出树林深处，一片开阔之中，竟又看到了一棵棵的红柿树，风和雨越猛，柿子树就越见出鲜亮和红润。甘山红叶中，柿树或许成了最后的坚守。

❶ 柿子树没有向猛烈的风雨低头，反而在风雨的洗礼中越发的红亮。作者在结尾再次提到柿子树，与文章开头相呼应，使文章的结构更加严谨，柿树的坚守也为文章增添了一份诗意。

延伸思考

1. 作者都是从哪几个方面来写甘山的甘的？

2. 文章中描写杨玉环的文字运用了什么表达技巧，这样写有什么作用？

3. 文章中多次提到甘山的柿子树，为什么？

斜雨过大理

名师导读

这是一篇非常美的散文,作者将自己在大理时所经历的一场雨用诗意化的手法描写了出来,使读者身临其境般感受苍山洱海的美景,作者将自己的所见所闻加上丰富的联想,描绘出一幅幅风景图。

❶ 文章开头简短的一句话开门见山,引起了读者的注意和好奇心,洱海雨有什么神奇之处令作者如此兴奋,引读者带着兴趣往下阅读。

❷ 洱海的雨温软恬静,作者用拟人的修辞手法写出了洱海雨的特点,生动且形象。

①有幸赶上了洱海雨。

朋友说,苍山月、洱海雨是大理的绝妙景致。奔迪庆必走大理。来时那雨很远,没有遇见,从迪庆回来,一进大理地界,我们的车子就受到了雨的洗礼。公路选得真好,下边是洱海,上边是苍山,坐在车子上,苍山洱海尽收眼底。挡不住的诱惑,掩不住的好奇。我们在车子里一忽望望这边,一忽瞧瞧那边,将愉悦的心融在一片蒙蒙细雨中。

②那雨无声,柔柔润润地飘来。轻轻地洒在田野里,洒在洱海里。遇有小风,斜斜地扭着腰儿在车前打个

旋儿就奔到远处去了。

雨湿的路面，光光展展好生透亮。

路边的桉树，一个个披头散发，尽情地沐浴。而洱海边那群柳树，更是弯极了身子，一起一落恣肆地濯洗着浓绿的长发。

雨来得急。田里正插秧，白族姑娘们多未带雨具。或许经得雨多，不大在意，许多人并未起身跑去。有的只是直起身整了整发辫，卷了卷裤腿。这是插秧时节，一场小雨哪能将她们驱回家去呢？

①她们弯着腰，左手持秧右手插苗，动作舒展又利落，你看不清她们的左右手是如何交换动作，只见一棵棵秧苗又快又齐地立在了水中。真像是地毯厂女工在飞针，一下一下将葱绿绣进田野。

这里那里，远远近近的都是忙于织锦的姑娘们。田野一忽就艳丽起来，大色块一片一片，那般整齐规矩而富于艺术。慢慢感觉，这些姑娘把她们自己也绣了进去。

那高挽裤角露出的圆润健壮的小腿，那认真投入富于表情的笑脸，更有红白相间的白族服装，在雨中亮丽地同大片的绿点缀在一起。

②担苗的悠悠地沿着田埂走，将一捆捆秧苗像扔彩笔一般扔进姑娘堆里，溅起片片白色的水点，也不时溅起脆亮的笑声，一定是谁的脸上开了雨花。

哪位姑娘首先亮起了歌喉。真正的白族民歌，哟哟悠悠的听不懂唱的什么。歌声经过小雨过滤，更加甜美。

如抖着翅的鸽子，湿润润地掠过秧田，直扑向苍茫的洱海。③一时间，这里那里的甜歌润曲在雨中一忽强一忽弱地传来，画面立时有了立体的感觉，仿佛

❶ 作者用了"弯""持""插""立"等动作写出白族姑娘插秧时的场景。她们专心致志于手上的工作，并没有因下雨而停下。作者在此处赞美了白族姑娘的勤劳能干。

❷ 作者将扔秧苗比喻成扔彩笔，自然连接到溅起的白色水花，同时将溅起的水花这一动作延续到笑声上，这样写巧妙且有诗意。

❸ 作者用比喻的修辞手法生动地写出了所见所闻，通过作者的描述，读者仿佛身临其境置身于苍山洱海旁的田间，看到了作者所看到的风光片，听到了作者所听到的美妙歌声。

是在一个 3D 影院里看一部风光片子,歌声即这景色的插曲。

车子再往前行,就有了三三两两打伞的少女沿着公路走,沿着田间走。从某个小村子出来,向某个小村子走去。那伞儿红红黄黄散落着、飘移着,如大理的山茶花。

田野间绿树掩映的一个个灰瓦白墙的小村子,是这艳丽景色的另一种色调,另一种构图。简朴的几点,真好。

洱海,洱海远远看去白亮一片了。

船儿显得很邈远,一横,一竖,一撇,一捺,随便地写意在那张白纸上。

竟还有趁雨打鱼的。一网撒去,给那白净溅了个小小的黑点。

①湖边插好的迷魂网,静静地"守雨待鱼"。粗粗细细的竹竿子,是哪位画家斜插的画笔吧?

此时猛然回头往上看,就有一声惊叹出口了。那是惊喜中的惊喜。苍山,苍山是这景色最好的远衬。

再没有比这一幅画更巧妙更动人的了。

青青苍苍起起伏伏的山忽浓忽淡地浴在一片雨雾里。山峰全是灰白灰白的云气,一大朵又一大朵显现出画家运笔的功力。②那么自如、洒脱地将黑灰色调调匀,然后狠狠地在水里蘸了蘸,寥寥几道重笔,就最后完成了这十分壮观十分大气的丹青水墨。

当然,每座山间没忘了用细笔勾画出一条条如龙山溪。苍山十八峰,十九条涧清清凌凌直向洱海里奔。

我的车窗早已摇落,任细雨扑面,双目迷离。那歌声又飘了过来。那歌声也是雨,随风细细密密柔柔润润飘进我的心田。

❶ 在作者的眼中,斜雨中的大理仿佛一幅美丽的风景画,钓鱼的竹竿子被作者看成画家的画笔,反问句的运用加强了语气,增强了情感。

❷ 作者的想象力十分丰富,通过对所见之景的想象,为读者勾勒出一幅磅礴大气的丹青水墨图,为文章蒙上了诗情画意的色彩。

延伸思考

1. 结合文章说一下大理的雨有哪些特点。

2. 请简要赏析"船儿显得很邈远,一横,一竖,一撇,一捺,随便地写意在那张白纸上"。

3. 这篇文章的语言风格有何特点?请简要说明。

驿路梅花

> **名师导读**

这篇散文从驿路的梅花写起,写到了驿路所在地梅岭,作者从古代对外贸易的经过地、文化交流的使节路以及仕途不顺的被贬之路等几个方面较为全面地介绍了梅岭,表现了梅岭这个地方的重要性以及它对历史的影响。

---

❶ 文章开头用了比喻的修辞手法将花瓣比喻成云,生动形象地写出了花落繁多及花落时的轻柔美丽。

① 花瓣纷纷扬扬地飘下来,像一层层的云,驿路在云中伸展。地上片片白了,说不清是雪还是梅。馨香随着山风灌得满怀,深吸一口,就吸进了梅岭诗意盎然的早晨。

梅的降落,像是一个隆重的仪式。梅的落是有声音的,每一个声音或都不同。路石有的凹了进去,凹进去的地方积的梅也多,梅下面是雪,雪化了,就把梅粘住,像一个大梅花。

路前面出现了一个弯,而后又一个弯,拐过去就看到了融在风景中的风景。

① 能让一个个朝代为之注目的地方，一定有它的不寻常处，秦始皇派十万大军进入岭南，汉武帝出兵征讨南越，都是翻越梅岭山隘。隋唐以前，中国运销国外的商品，是经长安往西的"丝绸之路"。② 由于大运河的开凿，从中原沿大运河南下，经扬州、溯长江而入鄱阳湖，再逆赣江、章水，逾梅岭进入韶关，再顺浈水、北江到达广州入海，成为对外贸易的又一条通道。不管是出去还是进入，梅岭都是当时的必由之路，只是自秦汉开拓的山路险峻之极，需要拓展得更顺畅。这项不大好干的工作一直拖到了唐代开元四年，唐玄宗安排给了老家在韶关的张九龄，艰难可想而知，写出"海上生明月，天涯共此时"的宰相诗人，硬是率民工在梅岭写下了一首仄仄平平的经典。

四十公里长的驿路使得很多空间和时间变得简洁。吹过梅岭的风，会感到顺畅多了，雨雪也发现了这样的奇迹，它们不再洒落得漫无章法，而将一条路铺展得明净莹白。多少年间，中国的丝绸、茶叶、陶瓷，经过驿路到达世界各地。杨贵妃爱吃的岭南荔枝，也是经过这条路快马送至长安，不知玄宗安排修路时，是否也安了私心。

梅岭，是在梅中开了路，还是沿路种了梅？不好找到确切的答案，路与梅就此相伴千年。坚硬与柔润，古朴与馨香和谐地融为一体，一些梅老去，新的梅长出来，石头将梅的根压住了，会抬一抬身子，让那些根舒展，抬起身子的石头有一天走失，新的石头还会补缺上去。

梅随着明净的雨或晶莹的雪一同洒落，说不准哪位诗人走来，会随着诗句飞扬。路渐渐上升到了一种

❶ 历史上两位有名的皇帝秦始皇和汉武帝都曾翻越梅岭，作者由驿站的梅联想到了历史，增强了文章的文化底蕴。

❷ 作者在这儿详细介绍了古代商贸往来的另一条路"海上丝绸之路"，梅岭是这条路上的必经之路，显示出其地理位置的重要性。

文化与审美的层次。梅开与未开,在梅岭都会生发缤纷的联想。一步步踏着光滑的石道前行,身上早已经汗涔涔的了,有人及早地到亭上歇息,驿路上无数大大小小的亭,当年苏轼是在哪个亭子歇脚呢?陈毅遇险时躲在哪一片林子,而有了《梅岭三章》的绝唱?

① 我转换两次飞机达赣州,又走了很长的陆路才到大余(大庾)驿路,古人在途中要耗费多少时光?梅岭是中原最后一座山,多少人走到这里,都会有辞国望乡的感怀,尤其那些贬谪之士。唐初宋之问贬南粤时,来到华夷分界的梅岭之巅,哀惋不已:"度岭方辞国,停轺一望家。魂随南翥鸟,泪尽北枝花。"② 苏轼、苏辙、寇准、秦观、杨万里、汤显祖,这些人过梅岭时无不神离泪飞。究竟有多少贬官走过这驿路,数不清了,他们成为梅岭一道特殊的风景。其实,过去了,也就安心了,正是一批批的人过梅岭,促进了南粤文明的发展。苏轼不也有"日啖荔枝三百颗,不辞长作岭南人"的欣叹吗?他在建中靖国元年北归时,梅岭迎接他的,仍是雪样的梅花。还有汤显祖,贬谪的时候,在南安听到太守女借树还魂的故事,方写成一曲千古名剧,大余还修了牡丹园念着他。所以还是放放那些沉重的心事吧,"飘零到此成何事,结得梅花一笑缘"。
③ 梅孤清高洁,凌寒不惧,报天下春而后隐去,与人的品性如此相融,一切的疲惫、忧烦、离愁都暂时隐退,目光里盈满春的笑意。于是更多地有了王安石、黄庭坚、朱熹、解缙、王阳明的足迹。

晚间照样有行人,很多的事情都在路上急着,所以有词叫"赶路"。好在这驿路有梅相伴,"大庾岭边无腊雪,惟有梅花与明月。"是梅尧臣夜行的感觉。"霜

❶ 在交通便利的当下仍要走很久才能到达驿站,古人不知要耗费多少时间,作者以反问句写出了心中的疑惑。

❷ 梅岭不仅有梅花,作为中原的最后一座山,它还承载了很多文人志士的惆怅,而这也成了梅岭独一无二的风景。

❸ 梅岭这个地方似乎有让人抛却世间烦恼的魔力,梅孤清高洁,凌寒不惧的性格也在有意无意间宽慰了那些仕途不顺的人们。

月正高花下饮,酒阑长啸过梅关。"陈元晋对月饮花后,酒壶一甩,吼着嗓子走向了梅关。

①来往行人多了,驿站邮舍已经满足不了需要,大小客栈饭馆茶亭遍及了梅岭四周,大庾和南雄两地也客舍云集,可想当时梅关驿道的兴盛情景。

终于上到了最高处,南扼交广、西拒湖湘的梅关以"一关隔断南北天"的气势,壁立于梅岭分界上,从这里向南,就是广东地界,一个慢下坡弯向了同样盛开的梅林。虽没见什么人走上来,眼前却呈现出一番肩挑车运的繁忙景象。②其间,荷兰访华使团从广州出发,沿水路北上觐见清朝皇帝。900名挑夫、150名护卫,熙熙攘攘走上梅岭,他们给中国带来了西方的问候,我得给他们让路了。那个时候朝贡或通商的除暹罗、真腊、古里、爪哇等东南亚30多个国家,还有欧洲的荷兰、意大利等,他们带来珍珠、玳瑁、象牙、犀角以及狮子、孔雀等奇珍异物。很长一个时期,这条路也是西方同中国往来的使节路。③1816年,英国贡使回国,嘉庆皇帝亲谕:"于通州乘船,由运河走,经过山东、江苏、浙江而上,由安徽江西过大庾岭(梅岭),至广东澳门放洋。"当朝皇帝对这条路线已经十分熟悉。

在驿路的起点,我看到了章水边的码头,老得不成样子了,几棵树歪斜地伸进了水中,树旁还有拉纤的岸路,系船的拴石。④一艘艘大船在纤夫的拉扯下靠岸,成千上万的脚夫涌上去,一箱箱一袋袋的货物紧张地搬卸,驿路上就连续不断地沉沉走过北中国的特产,而后换回所需的物品。当年文天祥在广东被抓,过了伶仃洋,就从这里下船,再过惶恐滩,被解上北

❶ 此处写出了梅岭的发展,梅岭驿站的设立带动梅岭地区经济的发展,有人经过的地方就会有人烟,梅岭这里渐渐繁华起来。

❷ 梅岭不断发展,逐渐成了中外交流的使节路,它见证了中国的繁荣,显示出了中国当时的强盛。

❸ 此处通过引用嘉庆皇帝的手谕,用史料再次说明了这条路的重要性,以及当时它的受重视程度。

❹ "一艘艘""一箱箱""一袋袋"等数量词显示出当时的贸易之盛,表现了一片美好繁荣的景象。

京。还有北伐军的步履，帝国主义的铁蹄，都在这里留下了记忆。很多的博物馆、纪念馆、史籍典章都联通着这条路，很多死去的和活着的人心里都装着这条路，这条路给一个民族带来的东西太多太多。① 驿路上，叠压着无数的血泪，无数的诗魂，无数的呼喊和叹息，它是一道抹不去的历史印记。如果没有这条路，中国上千年的丝绸史、茶叶史、陶瓷史，直至交通史、邮政史、军事史，都将无法延续。

香雪海的回望中，眼前跳过陆凯的诗："折梅逢驿使，寄与陇头人。江南无所有，聊赠一枝春。"陆凯南征登上梅岭，正值岭梅怒放，想起好友范晔，就将折梅和诗交给了驿使。

你没来，我舍不得折下一枝梅花，就邮赠这篇文字吧。

❶ 这条路到底对历史产生了多么重大的意义呢，作者在此处给出了答案，它不仅是抹不掉的历史印记，也促进了中国经济文化等的发展。

延伸思考

1. 通读全文，概括梅岭驿路有哪些重要作用和意义。

2. 文章第八自然段用了什么表现手法，请简要说明。

3. 文章中作者多次引用诗词，这样写有什么作用。

第二辑 白水秋风吹稻花

梦星领着我登上了一座满是红色山石的高岗，梦星说这就是泷冈。泷冈于凤凰山下，远山近水环抱，翠林茂花相绕，四下里看去，还有一片片墨绿色的茶油林，一看就是一个风水宝地。

作家带你练

【2013年福建省高考语文试卷】

阅读下面文字，完成下列各题。（18分）

日　照

　　①古人说条条江河归大海，大海是那般宏阔的胸怀，在这样的胸怀里升起一轮红日，该是什么样的景象？

　　②现在我正走向海。我知道有一个叫作日照的地方，日照的名字多么直白，又是多么神秘，日照香炉就会升起紫色的烟尘，日照大海会升起什么？我仰望着那个地方，我穿越齐鲁大地，走过孔子的曲阜，走过泰山沂蒙。

　　③大海终于展现在我的眼前，它就像中原的千里沃野，麦浪赶赶地涌，散发出浓郁的味道。白云似一群从远方跑来的绵羊，我听到了它们的喧嚷。很长很阔的沙滩，我小成了沧海一粟。

　　④我还没有看到日出，但是我知晓了这里是"勿忘在莒"的古莒国，莒同齐鲁曾构成山东的三分天下。生活在这里的先民，也是人类最早的先祖。他们使用的工具，同黄河流域先祖使用的没有什么两样。我站在一个图形面前，那是一个日出的图形，先祖对于日出那么的崇尚，刻在生活的器皿上。那时他们就知道通过日出判断四时，将其用于农业和航海。《山海经》记载的羲和祭祀太阳的汤谷

和十日国就在这里。我看到一个号角，那是陶做的，这里的黑陶是原始文化的瑰宝，我的祖先，曾面对苍茫的大海，吹亮了东方第一缕晨曦。

⑤我见到了茂密的森林，只能在高山上才有的森林，却是出现在海边，那高大的杉木将氧离子泼洒得到处都是。我还见到了茶园，一片不是很高的墨绿，日照和海风使这里的茶尤为独特。我还看到一棵巨大的银杏树，我在一片雨中走进定林寺，那棵四千岁的苍然立时热烈地向我迎来。一群女孩子在树下避雨，我想到那个传说：一个书生看到这棵大树，搂了七搂还没有搂完，转过来看到一个少女靠在树前，只好在她旁边又拃了八拃过去。这树围就成了"七搂八拃一媳妇"。过去了多少年，树围更粗了。有人想再搂一下，那就得将一群女孩也算入单位，有人笑说是"七搂八拃一群未来媳妇"。我站在它阔大的枝叶下，钟声訇然散落，抬头望的时候，竟然望到不远处刘勰读书处。那个独成一派的大理论家，就是在这里以他智慧的文心神雕艺术之龙的吗？

⑥天晴无雨，我早早跑向海滩，清风振衣，潮水激荡。

⑦云蓝得出奇，云边渐渐透出了红光。海在这时发生了奇妙的现象，顷刻间变成了一汪红色的颜料，那颜料越来越浓，越来越多，似乎是从日出的地方涌出。而后太阳微微地露了出来，露得不声不响。初开始它没有发出亮光，只是一轮滚圆的炫红，那么近，那么大，蹚水过去就能触摸着。我很少看到这么纯净这么圆润的太阳。正呆看着，它突然发出一股绚烂的光芒，我的周身立时感到了温暖。

⑧海浪已似红鲤翻江。一眨眼，有些红鲤竟然跃动起来，而后变成了一页页羽翅，慢慢看清，那是一群兴奋的海鸥。

⑨太阳还在上升，它已经变成金黄的车轮，隆隆轰响，烟尘迷漫，天地摇动。没有什么能阻止它的上升，它将天穹昂然顶起，让世界为之高明。我的血脉偾张，好像太阳升自我的胸间，整个大海涛涌连天。我想大声地喊：日月之行，若出其中；星汉灿烂，若出其里！

时光变幻,生命轮回,秦皇汉武寻仙访道的踪迹早已不见,曹孟德豪情一腔越去千年,唯大海潮涌潮落,太阳常隐常新。

⑩日出唤醒了热情。海上运动基地的帆影片片,切割着红色的光线。细沙滩上有人练排球,健美的身姿在腾跃。阳光更多地镀亮了捡海的人,皮影样贴在海滩的玻璃上。

⑪整个一座新城都亮了,像一艘豪华巨轮在起航。太阳照在那片树林的时候,树林里一片光怪陆离,叶子在光线里舞蹈。鸟儿叽喳,翅膀像闪电,这里闪一下,那里闪一下,等到它们飞到林子上面的时候,一下子都被渲染了,包括叽叽喳喳的叫声。我知道,太阳也照到了那棵银杏树,深沉的光芒撒播着一片静默。天台山上,古老的太阳节或在举行,香烟缭绕,鼓镲隆重,供台摆放新麦做成的太阳饼,万众叩拜太阳光耀大地,福泽民生。

⑫站立大海之上,旭辉之间,古人在我的耳边发声:"念我日照,虽偏居海隅,却享有琅琊之名,天台之胜,背依泰沂,怀抱东海,更兼仙山缥缈,河流纵横,自古为日神祭祀之地,黄老成仙之乡。"那声音伴大海涛涌,随红日东升,缭乱了我的思绪。

⑬我真实地感受着日照,日照是一种光合作用,日照是一种置换反应,日照不仅是一个名词,还是一个动词或形容词。

⑭我又想起了那个日照的刻画,海上日出,曙光先照。日照,那是一幅恢宏的意境,一幅东方大地的挂图。

(2015年10月12日《人民日报》)

1. 简析第①段在文中的作用。(4分)

2. 赏析⑪段画线的句子。（4分）

3. 请概述文中⑦至⑩段描写海上日出的各阶段的特点。（4分）

4. 在文章的结尾，作者为什么说"日照，那是一幅恢宏的意境，一幅东方大地的挂图"？请结合全文谈谈你的理解。（6分）

名师带你读

春秋那棵繁茂的树

名师导读

文章标题中所提到的"树"其实并不是指真的树，而是一个像树一样的人——郑国子产。子产执政时郑国社会稳定，国家得到发展，子产的一生都在为郑国的百姓操劳忙碌，为国家建设呕心沥血，他清廉的执政生涯使得在他死后，他的儿子连安葬费用都拿不出，不过没关系，郑国的百姓记得他，历史记得他，后人也将记得他。

一

两千五百年前的一个秋天，子产死了。
① 一棵大树的叶子开始下落，像一场庄严的降雪。整个郑国哭成了一团。"我有子弟，子产诲之。我

❶ 此处运用比喻的修辞手法，将大树的叶子比喻成降雪，借此表达人们对子产去世的悲哀之情。

有田畴，子产殖之。子产而死，谁其嗣之？"

远远的还有一个人，哭得声泪俱下："子产，古之遗爱也。"

孔子一哭，树叶子就全落了。

二

①子产执郑国政务那么多年，死的时候，儿子连安葬的费用都拿不出。郑国人自发捐献，男男女女，甚至有的解下身上的首饰。子产的儿子坚决不收，父亲在世时清廉，死后不能为他抹黑。

人们为子产所感，纷纷把金钱财物扔到了河里，变成纪念子产的另一种形式。河后来叫作金水河。

现在这条河流经郑州的主要市区。没有多少人知道名字的由来。

②子产病危时嘱托儿子：生不占民财，死不占民地。人们踏着厚厚的叶子，把子产葬于高高的陉山，山上可以看到很远。墓没有使用山上美丽的石头，是人们从洧水边带的卵石砌成。

红红黄黄的叶子纷扬着，旋起的风有些冷。

子产是那么热爱大自然。郑国遭旱，子产按"桑林求雨"的风俗，令屠击、祝款和竖柎三位大夫到桑山祭祀求雨。三位官僚没祈到雨，却砍伐树木，毁坏了山林。子产很生气："祭祀山神，应当培育保护山林，如何能这样毁坏。"遂将三人撤职。郑国后来到处林木葱茏。

一枚叶子在眼前晃，心内有一种晚来的悲伤。登上高高的陉山，那里的树该是好高好高了吧。

③找寻了许久才看到一块子产待的地方。四处正

❶ 作者在此处运用侧面描写，写出了子产在世时的清廉，表达了对他的赞美之情。

❷ 子产死后还在为当地的百姓着想，从百姓们对他的纪念也足以看出子产是多么受百姓爱戴，这是双向的情感。

❸ 此处运用对比的手法写出了作者的叹息，子产当年极力护着的山林如今已被开采尽了，强烈的对比令人感到满目的苍凉。

在开山采石。子产睡的地方没有苍松翠柏，甚至没有一棵大树。一轮夕阳，苍然于山。

子产寂寞了许多年。

三

郑国所在就是现在的新郑，有水有田的好地方，小麦和大枣都很养人。周围的齐、晋、秦、楚谁不觊觎？❶诸侯争霸，使郑国兵连祸结。而国内争权夺利，相互倾轧，陷入可怕的困境。多年的停滞和衰败后，子产应运而生，支撑危局。

那时候，百姓开发的耕地，总是被人仗着权势掠走。子产先从整顿田制入手。多占者没收，不足者补足，确定各家的土地所有权。而后改革军赋制度，增加税收，充实军饷，增强国力。接着将一系列法令刻铸于钟鼎，开创公布成文法的先例。

❷改革没有一帆风顺的，子产为政，也有人骂，唱着词编派他。子产只当是落了一身秋风，落多了就抖抖身子。

子产主张国政宽厚仁慈，恩威并施。既以法治国，又施善于民。子产还重视教育，尊重人才。对于晋、楚强权外交，子产毫不惧让，维护郑国利益和独立的尊严。

司马迁在《史记》中这样说：子产为国相，执政一年，浪荡子不再轻浮嬉戏，老年人不必手提负重，儿童也不用下田耕种。两年之后，市场上买卖公平。三年过去，人们夜不闭户，路不拾遗。四年后，农民收工不需把农具带回家。五年后，男子不必都要服兵役。

有这样的一位国相，且执政了二十六年，可见百

---

❶ 子产在郑国内忧外患的时候出现，挽救了郑国的危机局面，不难看出子产也是一个富有才华的人。

❷ 作者运用比喻的修辞手法将子产的烦恼比喻成秋风，赞美了子产豁达乐观的性格。

姓和国家得到了多么大的实惠。

① 子产就是一棵葱郁的大树，让人感到了他的荫凉。

四

我想沿着一枚叶子的纹路走到子产的内心去，苍远的岁月，他只活了六十来岁。我觉得他活得很充实，他不需要看谁的脸色，端正了一颗良心，什么都不怕。

子产是受郑国的上卿子皮推荐执掌国政的。子产应该感恩呢，子产感恩的方式就是好好工作，克己奉公。② 子皮找子产来了，他想让儿子尹何当个邑卿什么的，子产热情地接待了，但很认真地认为，尹何还年轻，缺乏经验，恐怕难以胜任。答应了就等于毁了国家利益，也毁了尹何。

看到这里，我有些为子产担心，按现在的话说是不识时务。这时我们该感慨子皮了，子皮听了反而感动了，认为是子产开导了自己，心内忏悔不说，还从这件事看到了子产对国家的忠诚和责任感，就放心地让子产执掌全国政务。

③ 这件事让人好一阵思索。那个时代，不仅遇到了子产，也可以说还遇到了子皮。

我想找找那个乡校，应该在哪一片地方呢？小的时候知道子产，是因为那篇著名的文章。

初开始还以为是子产对教育的爱护，读完才知道是比教育更大的事情。在乡间，每个村子都有一片地方，不是场院就是大树下，人们总是有事没事在那里聚集，说些有用没用的话。当然会有些议论，甚至发些牢骚。

❶ 子产像大树一样庇佑着百姓，他执政期间，郑国的社会得到稳定，百姓安居乐业，路不拾遗，夜不闭户，民风淳朴，这也是他深受百姓爱戴的原因。

❷ 子产始终克己奉公，并没有因自己的职位而选择徇私，但也不会过分使人难堪，事情处理得很是周到。

❸ 那个时代的郑国人无疑是幸运的，他们不仅遇到了子产这样的政治家，还有子皮这样通情达理、懂得反思的人，这些人一起推动了郑国的发展。

有人讨厌这地方，要求关闭。子产搞的是民主政治，不毁掉公共场地，听从人们的心声。

不毁乡校成了子产的名策，所以《子产不毁乡校》代代流传。那个乡校要是留着，肯定成了重点保护单位。

想到了鱼。一个朋友给子产送礼物，说是上等的好鱼，十分鲜嫩。①子产非常感激，乐呵呵收下，但又不忍杀掉无辜，活蹦乱跳的生命呀，子产便叫人将鱼放进了池中。虽然这鱼被下属偷偷下肚了，但鱼的族类还是为子产的善举狂欢劲舞。

一片秋叶掉进了池水，鱼们唧唧而围，发出啧啧的声响，池水中一片碎金乱银。

五

一大片的莲叶摇晃着微风，溱洧河还是那么清且涟漪。

子产曾在溱洧河边走，那时的水比现在的还大还清。

②后来的人就在溱洧河边修了祠堂，纪念这位人们爱戴的圣贤。圣贤不是我说的，古人就说郑国的子产是不世出的圣贤。

岁月流逝，子产祠建了毁，毁了建，一直持续了多少朝代，溱洧河水总有那祠堂的倒影。

人们到河边游玩，采莲浣衣，总要经过子产祠，不忘去缅怀祭拜，那是一个风景呢。③子产祠现在也看不到了，真想到祠中上一炷香啊。有我这种想法的人许是很多呢。在溱洧河边，只能咏诵那些诗篇了，一代代写的诗篇何其多。

❶ 此处写出了子产的善良与怜悯之心，子产身上有太多的优秀品质，这里表达了作者对其的赞美敬佩之情。

❷ 勤政爱民的子产深受后人的爱戴，人们甚至为他修起了祠堂来缅怀这位圣贤，作者引用古人的话说明百姓对子产的感情，更具有说服力。

❸ 虽然岁月变换，但子产在今天仍受到人们的喜欢，相信存在很多像作者一样敬佩喜爱子产的人。

溱洧河边子产祠，
郑侯城下黍离离。
惠人懿范应难见，
君子高风何处追。
尘世几更山色在，
英雄如梦鸟声悲。
行人马上空回首，
落日荒郊不尽思。

这诗有些悲情，一匹马，一个人，一袭黄昏，一片庄稼地，当然还有一条河。

这些构成了"不尽思"的苍然画面。最后，我们看到了那个"回首"的特写。

诗人一定记住了子产的话："苟利社稷，死生以之。"那是影响中国的十三句名言之一，是后世众多名臣的座右铭。①王安石改革时就说过类似的话。林则徐则有诗：苟利国家生死以，岂因祸福避趋之？

以前对子产了解得不够。自然也是宣传得不够。但古人可都知道，且崇敬无比。②孔子先前这样评价子产："其行己也恭，其事上也敬，其养民也惠，其使民也义。"现代学者中有人说："子产之德过于管仲，即使是诸葛亮，也不过是以管仲、乐毅自况，不敢比拟子产。"更有将子产奉为"春秋第一人"，这可是至高赞誉了。

❶ 作者在此引用了林则徐的话来说明子产对后世的影响之大，林则徐也是受到子产的启发才说出此话。

❷ 作者引用孔子的话表达了对子产的赞美，进一步说明了子产的优秀，再次印证了文章"春秋第一人"的观点。

六

子产又字子美，这让我想起另一个叫子美的人。

他或许也是因为崇尚子产而起的名字吧。

仰天看一棵树，就看到了子产那个清癯的形象。

①子产有点像杜甫，一点也不高大魁梧，倒有些善和忧怅。但这样让人感到真切，也感到亲切。

子产没有传下多少文字。

子产不需要文字的托举了，他本身就是一篇最好的文章。

❶ 子产和杜甫一样，都有着悲天悯人、忧民忧国的情怀。

延伸思考

1. 文章开头用了什么样的表现手法？请简要分析。

2. 你是怎样理解"子产寂寞了许多年"这句话的？

3. 读完文章，你认为子产是一个什么样的人？

塘河，江南的一首词

> **名师导读**
>
> 塘河，作者心中一阕灵动的词：它位于温州的中心，却成了独一无二的风景。塘河在喧哗城市的角落安静地、温柔地慢慢流淌，一副岁月静好的模样。来到这里你会误以为自己到了天堂般的苏杭。塘河带着生命的密码，改变了温州的格局，是温州人心里温柔的存在。

一

塘河带着生命的密码。没有塘河，温州的山水图谱或不完整。

水，留下了时间，时间改变了温州的格局。①如果说瓯江是一首浪漫的诗，塘河就是一阕灵动的词，它就在温州的中心，更接近世俗，因而也更显得自然和真实。名气不小的头山、仙岩、梅雨潭在它的周围，白象塔、白云观、洞文观在它的周围，但都不影响它的一枝独秀，它的个性展现为温州人的另一种乡愁。

❶ 此处作者用比喻的修辞手法将塘河比喻成灵动的词，生动地说明了塘河的特点及它留给作者的印象。

49

❷ 塘河历史悠久，它的存在养育了这一方水土的人，带动了周边经济的发展。

① 据说塘河从晋代就有，水流直通向瓯江与飞云江，而后通向大海。有了河，便有了沿河的房屋与街巷，有了一座城市的经纬酣畅。

"性爱山水"的王羲之任永嘉郡太守时，曾一次次登舟，同样体味了塘河"清流激湍，映带左右"的美妙。② 而另一位永嘉太守谢灵运的小舟，由塘河划向仙岩和瓯江，让塘河泼洒出一条山水诗路。

❸ 谢灵运是著名的山水诗人，也是中国文学史上山水诗派的开创者，蜿蜒的塘河也曾流到谢灵运的诗中。

塘河是温州版的曲水流觞，让诗情画意在一个又一个的婉转中徜徉。

二

塘河是温州享受不尽的福利，于是让人羡慕，外地人只有一次次地来蹭这等待遇。在外来的客人中，还有鸥鹭、黄鹂、白鹭，它们同样喜欢这片水域，喜欢来这里恋爱，并且成为永久居民。

不同的时间来，你会发现，塘河的姿态是不一样的，即使一天中的一早一晚，也是不一样的。水的色光，水的纹理，都有变化，甚至水两边的衬托也会发生变化，到底是怎样的变化，你一下子也说不清，可能是深陷此中的缘故。

❹ 塘河的美景让人沉迷其中，作者将水、明月和风用金钱的尺度来衡量，这大自然恩赐的一切因它的美妙难得而让人倍加珍惜。

③ 这里的水是免费的，明月是免费的，一丝一丝的风也是免费的，但你又感觉它们是最贵的，所以你就有了珍惜，有了不舍，你得慢慢消受。

鸟的叫声碎了一河，清晨的河满是这种碎裂的声音。鸟儿的翅膀在水面上划得很低，有一只划破了水面，水的丝绸立时就向两边美丽地分开，几条鱼摆着尾溅在上面，溅在上面的还有大片的荷叶和一枝荷花。

绝版的周庄

　　风，说不清是什么味道，淡淡的，甜甜的，沾得哪里都是。

　　① 榕树的须子长长地垂下来，有的垂到了水中。那是柑橘树吧，远远一片红红黄黄的小灯笼。还有桂花树，此时正优雅地举着一只只洁白的口杯，承接着金风玉露。有的却翩翩扑散在了水中。那馥郁的清香，让人想起琦君回忆儿时的情景：一到八九月份桂花盛开之季，岂止是香闻十里呀？简直是整个村庄都香喷喷的呢。于是就看到了老街，看到了庙宇，都还是旧时模样。还会隐隐约约地听到韵味十足的温州鼓词。

　　② "水上迎亲"：这个我小时候还体验过，那时表姐住在瓯海的仙门，她出嫁到郭溪，男方就是划过来好几只船，带着迎亲队伍来接新娘和亲戚去的。"水清浣纱"：那时的塘河，有许多的河埠头，塘河的水很清，可以浣纱，也供一带的百姓喝水和洗衣等用水的。"水上台阁"：这就是戏台子搭在船上，在船上唱戏给两岸的观众看。

　　③ 过了划龙桥，过了妙鸿桥，据说唐宋以降，沿河的桥多是木制，这些石桥不知起于何时，一根根方石柱子深扎在水中，绿色的苔藓爬上了桥顶。顺着塘河往前，还会看到两岸的山峦，山峦不高，但很有特色。其中的仙岩，不就跌落一个仙瀑，跌成了朱自清笔下的一潭清绿。有人在水边垂钓，我知道，他不是为了一时的欢腾，他是为了那种自在。

　　它的温柔中含了一种道不清的气势，将每一位来人裹挟了，让你沉浸，让你沉迷。直有种梦里不知身是客，一晌贪欢的感觉。④ 看着时，着木屐的谢灵运、穿长衫的朱自清在水边闪现，或许还有浣纱的西施姑

❶ 作者用了比喻和拟人等修辞手法写了塘河上的各种树，生动地表现了塘河的植物繁多。

❷ 作者插叙了自己小时候的经历，对"水上迎亲"进行补充说明，使文章内容更加充实丰满。

❸ 从作者的描述中我们得知塘河已有悠久历史，石桥也是如此，爬满桥顶的苔藓也说明了这一点。

❹ 此处采用虚实结合的表现手法写出了塘河的文化深厚，一些文人墨客都曾在这里留下足迹。

51

娘,让人觉得这水也有着文化的脉动。

有雨下来,就如点缀其中,让画面更有一种水墨氤氲的气息,随之一阵清新袭来,深长地吸入,再深长地吐出,心神顿时爽快极了。这时再看水,已经烟雾弥漫,远远近近的烟雾是不一样的,一层层地浓,又一层一层地淡,说话间人船儿已经层层钻进又钻出,成了画中一景。

三

我以为,塘河既是温州的母亲河,也是温州的代言者,在外人的印象里,来温州就是来感受现代的节奏,感受房地产的晴雨表。不,你们应该来看看塘河,来感受一下江南的温州,感受一下温州的舒缓与润泽,清新与透彻。

①吉敏说:"等到入梅时你再来,河两边会掉落一片润红。"哦,吉敏说时,我已经感觉到了温州那温馨怡然的情怀。

它要那些树那些花那些草来装饰它,要那些鱼那些蝶那些鸟来修饰它。

水环抱着温州,也隐藏着秘籍。

有的水中生长着芦苇,有的生长着荷花。

这是温州耀眼的段落。

满地的花草,成为塘河的副词与形容词。

②有了这道流水,温州更显得温润温和起来。这是享受不尽的流量,而且畅达。它透露出温州的财富信息,这种财富比你看到的高楼大厦更有价值。这道水本身,就颠覆了你对温州的认识。你会错把温州当

❶ 作者引用吉敏的话来赞扬塘河温馨怡然的情怀,表达自己对塘河的喜欢。

❷ 塘河的存在给温州增添了几分温润和温和,与那些高楼大厦不同,塘河具有让人静心的魔力,是人们暂时可以逃离喧嚣时间的世外桃源。

作苏州。它的境界不只是携带了小花小草，还携带了什么楼、什么居、什么巷的一种大气象。而且它前面还通连着一个大海，这就不同于那些普通的河汊了。

① 它不是山呼海啸的那种张扬，它是轻拢慢点的那种悠然。大海在不远处等候着。它不急，它要在这里好好地绕一绕，它似有好多还没有看够，或者还没有交代，那或是一种不舍，温州对于它，有着太多的感情。

❶ 塘河有着自己的生命，它不管外界如何飞速发展，沧桑变幻，它按照自己的节奏慢慢流淌，流进了温州一代又一代人的记忆里。

延伸思考

1. 读完文章，你眼中的塘河是怎样的？

2. 你是怎样理解"塘河带着生命的密码"这句话的？

3. 文章中表达了作者对塘河什么样的思想感情？请简要说明。

黄河口的威风锣鼓

> **名师导读**
>
> 黄河是中国人的母亲河，它孕育了文明也见证了文明的起源，但历史上的黄河经常决堤，给沿岸人们带来了不可估量的损失。千百年来人们在想尽办法治理黄河，时至今日黄河已经得到有效治理，默默滋养着两岸的人们。这篇文章作者从黄河口的威风锣鼓写起，通过这一盛大的表演来看今天黄河边上人们的幸福生活。

❶ 作者运用比喻的修辞手法和动作描写将表演的人的模样以及表演时的场景生动地写了出来。

❷ 作者用排比的修辞手法写出了表演的盛况，增强了气势，使读者也随之一起沉浸其中。

①一群红上衣红裤子的人，就像一个模子里倒出来，一样的耀眼炫红。前面的手拿铜镲，后面的拥着大鼓。鼓声起处，如大地滚过的闷雷，铜镲闪间，似高天亮起的闪电。雷，闪，雷，闪，雷闪、雷闪、雷闪！一只只甩起的重头鼓槌，一片片拍天的金黄镲片……

　　鼓槌和铜镲变换起花样，一两百人的阵容，起伏推涌，推涌起伏。②让人想到一次次洪峰的冲击，一座座堤坝的高垒，一排排人墙的坚持。领舞的女子忍不住,从高台上跳下,跳入这波涛中。波涛更加亢奋了。从小就见识过漫漫大水,从小就担惊受怕的这群汉子,这群婆娘,把自己变成了涛,化作了浪。

周围看的人,血压在升高,心跳在加速,忍不住跟着眩晕,跟着摇摆,跟着喊叫——嗨嗨嗨,嗨嗨嗨!嗨嗨嗨嗨,嗨嗨嗨——

①你说幸福是什么?幸福就是眼前的快乐。汗水在流淌,在飞迸,你的我的他的挥洒在一起,搅和在一起……怎么还有泪水?看到你的泪水,我的眼睛瞬间迷蒙。

我觉得我是了解你的,我了解汗水的质量与泪水的含量。

你是谁的媳妇?你是谁的奶奶?还有你,你是谁的爷爷?我想拉着你问一问你们的家庭,聊一聊你们的生活。②我见过黄土高坡的安塞腰鼓,见过壶口瀑布的斗鼓,却没有见过威风锣鼓这般动情,这场面太大,这锣鼓太震,这是在黄河口!

这里的每一个人,都与黄河有着紧密的关系,以前人们听到雷声,望见闪电心就慌,大雨又要来了,黄河又要涨了!黄河九九八十一道弯,走到这里要入海了,还是汹汹浑浑,怒浪冲天,不定什么时候就冲出了堤坝。③那个时候百姓苦啊,房屋不保,庄稼无收,黄河滩区多少村,哪个村没有进过水?

不敢想起从前,多少年前,利津以一壤之地纳千里洪波,为鲁北漕运、盐运的要道。然而那店铺栉比、商贾云集的景象早已不再,热闹着无数船只无数人声的铁门关也埋没于黄浪之下。不敢想迎着黄水头的王庄险工,多少次大水与坝头几乎同归于尽。一百年间,

❶ 作者用设问的方式写出了什么是幸福,在这场盛大的演出中人们挥洒汗水,同时也泪眼蒙眬,这是幸福的感觉。

❷ 作者通过对比的手法写出了威风锣鼓的场面之浩大,感叹的语气表达了作者的激动之情。

❸ 之前奔涌的黄河常常给百姓带来灾难,作者用一个反问句加强了语气,突出了自己的观点。

高考热点作家

❶ 黄河很难治理，反反复复，一代又一代的人都在和它抗争，此处作者写出了黄河对沿岸人们生活的消极影响。

❷ 千百年来人们在和黄河的反复拉扯中逐步找到了治理黄河的经验，如今的黄河与从前大不相同，成了乡村旅游的目的地。

❸ 作者用比喻的修辞手法写出了王庄险工的惊心动魄，生动形象，便于读者理解。

❹ 经过一代代人的抢险治理，黄河早已经不是从前模样，此处作者通过快乐的小孩在堤上奔跑来侧面描写今天的黄河带给人们的幸福感。

❺ 作者通过78岁的老人都在奋力击鼓来表达黄河治理好后人们内心的激动与喜悦。

黄河在这里摇首摆尾，决口改道了五十多次！

① 一代代人为此耗尽了时光。春天迎春汛，秋天忙秋汛，冬天防凌汛。滩区人把精力和财力都用在了垫台子、盖房子上。"爱黄河，恨黄河，离了黄河不能活。"黄河口的百姓，对黄河体味得深，他们的手脚，他们的面容都已同黄河搅在一起，就像他们舍不去的家，那家被冲了一次又一次，垫高了一回又一回。

这次看到的，是利津一次彻底的整治。基台将新房高高托上去，整个村子都高高地托上去。高台上瞭望着黄河，心里变得踏实。② 十九个沿黄村庄都是如此，顺畅的道路，绿色的植被和养殖基地、蔬菜基地，成了乡村旅游目的地。大水给佟家村留下的水荡和老屋，成了另一种景色，不少人来寻找灵感和乐趣。

③ 我真正见识了王庄险工，急转弯处的大水，如一匹狂怒的怪兽横冲直撞，每一撞都水花炸裂，惊心动魄。谁忍不住发出了叫喊："奶奶，这么大的水头！"现在这水头遇到了铁壁铜墙，随你撞去，撞散架了，默默远去。

④ 一个小女孩在大堤上跑，完全不知道大堤曾经的险情。她的脚跳跃着，就像一双鼓槌。黄浪衬托了她愉悦的身影。

终于不再担惊受怕，天天都能做个囫囵梦，那梦也是柳绿花红。威风锣鼓成了黄河口人的发泄与倾诉，内心清空，五脏通透，唯有豪情在体内汹涌。所有的话都在这震响里，所有的表达都在这狂吼中。

57岁的吴云亭、75岁的吴华山都是奶奶辈了，孩子大了，房子好了，地里丰了，那么多让人闹心的都随着岁月远去了，不闹心就闹乐呗。⑤ 78岁的刘康彬擂着响槌，白发上渗着汗珠子，他擂得好有劲儿！人家说他老了，他不服，非要将余生交付这大鼓。

　　30岁的宁宁刚成家，胖乎乎的她欢喜加入这队伍，手举铜镲使足劲舞，手酸、耳鸣、腰背疼，对她的欢喜不起作用。93岁的李清云看着，笑着，好，好——没想到，这么大岁数了——好啊……

　　我生活在黄河花园口，曾千难万险地考察过黄河源头，现在终于来到了它千万里不舍的入海口。我绝对相信，多少年前，这里还是一片大海。而现在，包括利津在内的营口，全站在了黄河三角洲上。有人说，仅从黄河夺大清河入海的1855年算起，那之后新淤积的土地，就达三千平方公里。①这一片不断生长的沃土，是黄河为我们带来的福利，当一切都平安遂愿，这个福利将恒久地传递。

　　红掌花的红掌拨着清波，蝴蝶兰猛然地蓝一下。还有野荷，硕大的荷叶捧着夕阳摇晃。更多的是苇，苇花子泛着白光，前浪后浪地赶，似乎那么赶，能赶到大海。

　　②无数白色的鸟在蓝天下画着弧线，朋友说，这里集中了全世界约三分之一的白鹳。除了白鹳，还有白鹤、丹顶鹤、黑嘴鸥。绿野中起伏的，还有一座座红色的抽油机。再往前的大海上，是威震四方的钻井平台。

　　大雁列阵而过，台风要来了，后面还有霜雪，还有冰凌。但河口人已没有什么好怕的，他们站在黄河大堤上，看着滔滔涌涌的黄浪，就像看着十万亩小麦浩荡的景象。

　　威风锣鼓仍然在响，众志所趋的气势，和黄河，和野荷，和苇丛，和如林的抽油机涌在一起。女声的

❶ 黄河带来的沃土也为人们带来了福利，人们在这里耕种居住，发展壮大，黄河是真正意义上的母亲河，它还将继续滋养后代。

❷ 黄河不仅养育了人类，也吸引了动物的到来，此处作者列举了各种鸟类来说明黄河的贡献之大。

> **高考热点作家**

❶ 作者采用动作描写，写出了威风锣鼓的表演盛况，这表演因掺杂着人们的幸福感而变得更加令人兴奋欢腾。

尖嗓，男声的粗吼，同锣鼓铜镲混在一起。那是痛快的迸发，是放浪的欢扬。①你看哪，随着鼓、随着镲、随着吼叫，他们扑伏又起来，跳起再蹲下，他们往左边歪，他们往右边歪……他们不停地起伏，不停地斜歪，不停地狂喊，直搅得这一片天地山海轰鸣，烟尘蒸腾！

入海口一片苍茫，从天上来的黄河，浩浩汤汤，又流到了天上。

延伸思考

1. 你是怎样理解"爱黄河，恨黄河，离了黄河不能活"这句话的？

2. 文章结尾处作者再次提到威风锣鼓，这样写有什么作用？

3. 文章中作者的感情是怎样的，为什么？

老子函谷关

名师导读

众所周知，老子是道家学派的创始人，他驾牛出函谷关的典故更是耳熟能详，这篇文章便是作者根据这个典故加上自己合理的想象写成的。作者在游函谷关的时候所见所闻都不自觉地想起当年的老子。通过实地游历，作者更加深刻地了解了老子的辩证法思想，赞扬了老子的伟大。

①有一名画，老子扬须飘髯，骑一头青牛。老子骑牛而非骑马或驴，可是一个与道德有关的问题？老子就这样于东来紫气中，骑着步履稳健的青牛进入了函谷关。其时四面山峰耸峙，古木参天，唯一峡谷雄关在夕阳中峭立。

老子登上函谷关的时候，他那眯着的眼睛放出一线光芒，灵感随之漫涌而出。老子此时一定看到了那个离此关不远的小秦岭。②可能老子致力于成文《道德经》，也可能青牛上不了2400米的最高峰，老子与

❶ 文章开头由一幅画引出老子，同时这幅画引起读者的思考。

❷ 作者采用虚实结合的写法，发挥合理的想象写出了老子当年登上函谷关的情景。

那个叫作老鸭岔垴的地方擦肩而过了,但他的思想缭绕在了那个高峰。

数千年过去,我等溯黄河而上,从函谷关逶迤而来,直奔老鸭岔垴。为何叫老鸭岔垴呢?这或许也是一个道德问题。

路盘桓而上,越往上越开眼。满山尽是野趣天然,那些林,想怎么长就怎么长,有力量的独个蹿,没力量的抱团长,长不动了就躺下来。①那些石,不知是山生出,还是天上掉下,横七竖八,立着、蹲着、卡着、悬着,各具姿势,有的骏马奔驰,有的巨象吸水,有的说是老子对弈。鸟就在林上盘旋,在石上蹦跳,一忽惊翅而飞,不知是赤狐跑过,还是豺狼跳过。不怕的是飞鼠,活跃着眼睛看着四周动向。

钻过一线山峰,正觉热,凉凉一股水汽袭来,原来是枣香河,自峡谷中跳荡。果然一股秋枣的味道满怀里灌,直让人吸了这口,赶快吸那口。上到老鸭岔垴,万千江山,尽收眼底。一群美丽的鸟,于色彩斑斓的丛林之上,左旋一阵,右旋一阵,兴奋得不知道怎么飞。秋叶正红,丛丛叠叠,直把老鸭岔垴擎上天去。山岚随着云岫袅袅而生,岚云起处,阳光随风翻卷,一些翻到叶子上面,一些翻到叶子下面,一片片的叶子哗哗啦啦爆红了整个秋天。

②想起那句话:"天下皆知美之为美,斯恶已。皆知善之为善,斯不善已。故有无相生,难易相成,长短相形,高下相倾,音声相和,前后相随。恒也。"老子真老子啊!

老子要是在这里打坐,或更有一番情怀。

老鸭岔垴以中原最高峰的姿态,同函谷关遥相呼

❶ 作者采用排比的修辞手法写出了山中石头的形态各异,同时运用比喻使得这些石头生动形象。

❷ 作者引用老子的话写出自己所见所想,老子的辩证法思想或许也是在登山时有所顿悟的,表达了作者对老子的敬佩。

应，呼应中回应的是灵宝。过了这灵宝之地，过了这雄关高岭，就是陕西平川了。

当老子骑着青牛离中原越来越远的时候，老子一定是恋恋不舍的，没有这灵宝之地，他或可完不成《道德经》。谁说的："《道德经》像一个永不枯竭的井泉，满载宝藏，放下汲桶，唾手可得。"尼采都在其中享受不尽。①老子西出函谷关后就没有了踪影，他是不知道把自己的形骸放在什么地方，还是执意想把自己的形骸放在什么地方？其实他要是留在函谷关或者小秦岭，他就不会"不知所终"了。

再过函谷关，猛然回头时，老鸭岔垴怎么就像端坐的老子，沉入五彩的夕晖中。②老子，他把一世英名留在了一个让人高仰的地方。

❶ 老子最后去了哪里，人们不得而知，作者在此处用反问句提出了自己的猜想，引发读者思考。

❷ 作者用简短的一句话赞扬了老子，表达了自己对老子的敬佩与喜爱之情，也表达了老子的思想对后世的影响。

延伸思考

1. 读完文章，你认为老子是一个什么样的人？

2. 文章中提到尼采对《道德经》的喜爱有什么作用？

3. 请发挥合理的想象，猜想一下老子最终去了哪里。

三星堆

> **名师导读**
>
> 三星堆，一个古老的文明，我们听过太多关于它的传说，但始终没有解开它最后的神秘面纱。一件件精美的文物让人充满遐想，古人的想象力令人叹为观止，三星堆文化成为世人心中的一个谜，作者从这片神奇的土地出发，试图去找寻有关谜底的蛛丝马迹。

一

① 本是一块沉静的土地。

沉静得多少年间都没有谁来踏响细碎的石子和摇动的野花。芳草从黎明开始摇起一直摇到晚上。田间的牛羊永远都是一种态势。而后是田间的稻浪，一波一波地推涌着时间。偶尔，这里那里会飘出一抹炊烟，斜斜地诉说着人类极慢的繁衍生息过程。

我的脚下，一个王国的大部分仍在沉睡。

② 街衢俨然，洞舍俨然，宝物像孩子们玩的玩具，

---

❶ 文章开头设置悬念，是什么打破了这块土地的沉静？引起读者的好奇心，吸引读者继续阅读，找寻答案。

❷ 作者将宝物比作孩子们的玩具，孩子们的玩具经常是杂乱的，现在的宝物也是一样的。

还没有进行整理。

我轻轻地迈过每一个有些拘谨的步履。

一定有一种十分隐秘的信息传达方式，让这沉睡千年的宝地在一个阳光透明的季节破土而出。

三星堆，是哪三星的坠落之地，或是一堆土的名字？

我知道你的名字很晚，但这名字却沉沉地堆在心的一角。

向往和追寻随时涌起。

二

❶ 高速公路将这块古老的地方划出了一道伤痕。

在高处你会看到，它其实并未改变这里的苍黄与葱绿，更不可能改变这里的古老与永恒。就如河流，或长期地横流成一片水泊，或最终改变了流向而不寻踪迹，或由地下再次冒出。还有那些微小的人类改造运动，将泥土由这边搬运到那边，再由那边搬运到这边，都无从改变大的环境和氛围。

❷ 多少年前，这里几乎没有大路，一条条小路通往一个个与生活有关的所在，比如村落，比如田塍，比如河流，比如坟墓。

那些小路是时间的化石。

三

我从遥远的殷墟走来，我就住在殷墟的旁边，洹河流过我的家门，还有淇河，那都是古老的河流，如同我来这里走过岷江和沱江，我觉得它们是通连在一

❶ 作者将高速公路暗喻成一把刀子划破了三星堆，表达了现代文明的发展对三星堆的影响。

❷ 作者用对比的手法写出了三星堆周围环境的变化，多少年前是由条条小路连接起了这一片天地，那是岁月的痕迹，而不是现在四通八达的高速公路。

起的，在地下巨大的根系中，同属于一种叫水的物质。

多少年前，在我住的近旁，一个巨大的铜铸加工厂正在进行轰轰烈烈的冶炼，骁勇朴实的中原人的炉火映红了半个天空。而在另一个地方，在成都平原上，也有一群汉子围绕着熊熊的火焰，打造的同样是精美的铜制品。

① 他们一定有一个机构，叫作研究所或研究院，一定有一个懂得方、懂得圆、懂得黄金分割的物理学家，有一个懂得石头与金属的关系、水与火的关系的化学家，还应该有数学家和美学家，他们是现代科学的伟大先祖。

要将这些铜与玉所表示的一切联系起来，必须要使用更多的超乎寻常的想象。

❶ 作者提到物理学家、化学家、数学家和美学家实则是在惊叹三星堆文化的神秘与伟大。

四

② 一种文化比一个政治单元不知要久远多少倍，研究者也许仍未确切地弄清三星堆的时代背景，但是它折射出的文化光芒所带给人们的惊奇，早就淹没了对它的政治制度的兴致。

总是能看到这样的形态：鱼的起伏、鸟的飞翔、龙的跃动。

总是能看到这样的姿势：那是与生活有关的姿势，包括耕作的姿势、渔猎的姿势、祈拜的姿势。

总是能看到这样的色彩：水稻的金黄、油菜的金黄以及玉米的金黄；野草的青葱、大豆的青葱乃至桑叶的青葱。

金光、银光、荧光闪闪的悸动与亢奋像风一般在原野上拓展与充盈。

❷ 人们目前并没有完全解密三星堆文化，但这不影响人们被它的文化光芒所折服，它的精妙和精彩深深震撼着世人，令人叹为观止。

五

①成都平原是一个巨大的盛满宝物的容器。享受着广汉浅蓝的夜色，享受着深沉的梦境。

②广汉，一个大汉正在舒坦地酣睡。不，广汉只是空间的概念，历史的深处，香魂缭绕。

谁来过这个地方，李白、杜甫、徐霞客肯定来过，只是历史不曾惊动他们。

③我曾走过五陵原，走过上林苑，走过大河村，走过河姆渡，今天我又走过三星堆。我的胸腔丰满而沉实。

有鸟在原上飞起，叫不出名字的鸟，起起落落，一些鸟曾在铜的铸件上栖落过，享受过一个王国的仰拜。鸟不灭，时光不灭。

❶ 作者用比喻的修辞手法生动形象地写出了成都平原上的文物之繁多，文化之深厚。

❷ 作者将广汉比喻成酣睡的大汉，生动形象，能够激发读者的想象力，便于读者理解。

❸ 作者写出自己曾到过的文化深厚的地方，感到十分充实，文化使作者感到自信，同时文化也是一个民族的底气与自信。

延伸思考

1. 文章的第三部分的叙述人称是怎样的？这样写有什么好处？

2. 通读文章，概括三星堆文化的特点有哪些。

3. 你怎样理解文章结尾的"鸟不灭，时光不灭"？

遇见"华不注"

> **名师导读**
>
> 华山位于济南的历城，初到时作者心存疑惑，但紧接着便被它深深吸引，越往山里走越发有一种豁然开朗的感觉，这小小的不起眼的山包竟然就是历史上让无数人争相前往的"华不注"，作者一开始看到的花骨朵好像突然绽放了，最终被它的美丽与魅力所折服。

一

来到济南历城，历城的朋友先带着去看华山。

一路全是街衢楼厦，尽显现代都市风貌。好不容易说到了，漫野中看到一座不大的山包。①心中疑惑，历城没有太好的风景？这小山远远望去，就是一个情窦未开的花骨朵。没有遮挡，也没有起伏，就那么孤孤地立着。正想问什么，又想到"山不在高，水不在深"的警语，遂不敢多言。

❶ 作者以反问句道出了疑惑，为下文的介绍做了铺垫，同时将小山比喻成花骨朵，十分生动形象。

二

①果然，刚进入大门，就有数十棵松柏挡眼，凛然如武士。抬头看标牌，年岁可都不小，这位横刀立马者900岁，那位气冲牛斗蹿到了980，最小的一位，也800整了。即刻肃然，不敢高声。再往前，巍巍然一座宫殿，不，一群的宫殿。却原来是赫赫有名的华阳宫，还有三元宫、玉皇宫、泰山行宫，还有净土庵、关帝庙、观音殿，真个鳞次栉比、檐牙高啄，铺排一片。殿内线条清晰的壁画，竟是元代遗迹。渐渐就有某种气息接通。也就明白，这松柏这殿宇竟都是因了一个氛围——华山的氛围。

不大的华山，到了跟前竟然膨大起来，远处看见的花骨朵，也已经开了。更为惊讶的是，原来这华山，就是史书上的"华不注"。②看它表面不大，名气却超迈无数高山峻岩。应了那句话：浓缩的真的是精华。这精华连接史上发生的一件事：齐晋鞍之战。从课本里早就知道两个著名战役，一是秦晋崤之战，一是齐晋鞍之战。这两场大战都与晋国有关，而且都是晋国取胜。对方失败的原因，全都因了骄兵。我正好刚从崤山回来，那崤之战在深山峡谷，鞍之战却在平原。单说鞍之战，齐顷公可能觉得齐国还可以，又在自己地盘上，丝毫没把晋国兵马放在眼里，撂下早饭说打完这一仗回来再吃。没想到齐军却被晋军吃了，最后顷公的车驾被晋人追着绕华不注跑了三圈。要不是逢丑父同他换了角色让他"华泉取饮"，说不定做了晋人俘虏。由此成就了丑父的义名，殿内还有他的忠烈造像。

❶ 作者用比拟的修辞手法介绍了历史悠久的松柏，它们像武士一般守护在这里几百年。

❷ 华山虽然表面不大，却历史悠久，作者引用一句俗语来介绍"华不注"，接着引出了发生在这里的历史故事。

❶ 作者引用郦道元和李白对"华不注"的描述再次说明了它虽表面看小不起眼，却引人注目备受关注，很多文人墨客曾在此留下足迹。

❷ 作者提及康有为在见到华不注时的夸张提议，再次证明了华不注的魅力。

❸ 作者运用比喻的修辞手法说明了华不注对历城的重要性及对济南的重要意义，它就像一粒种子生根发芽，孕育出了这座城市。

多少年，萧萧杀伐已经停歇，慌乱的奔突也已经远去，华不注就这么悄然地躲在了时间的深处。大概可以这样说，凡深幽处，都会是寂寞处。或者说，凡寂寞处，都是深奥处。我为差一点错过而叹惋，立刻关注起来。①我看到郦道元这样描述它："单椒秀泽，不连丘陵以自高，虎牙桀立，孤峰特拔以刺天。"单椒很是亮眼。李白如此感叹："兹山何俊拔，绿秀如芙蓉。"芙蓉也很入心。据说宋代以前，这里是一片水，李白或乘舟而来，同我来时的感觉大不相同。赵孟頫来了，画出一幅《鹊华秋色图》，并题记："齐之山川，独华不注最知名。"乾隆感同身受，对此画欣爱有加，亲自题书"鹊华秋色"。还有曾巩、元好问、张养浩、康有为都曾为此山激情感奋。②康有为也是遍赏名胜见过大世面的，但是一见这一带山水，竟然主张将国都迁到华不注前。

三

越往上走，就越发感觉到那莲的渐次开放。真的，是在这个早晨一点点地开了的。上到高处就看见华山前的一池清漪。原来山下有个华泉，属于济南七十二名泉中的一位。华泉涌成的湖水，同远来的水连在一起。元好问就在《济南行记》中提到，大明湖自北水门出，与济水合，弥漫无际。遥望此山，如在水中。③有人说先有历城，才有了济南。实际上也可以说，是先有了华山，才有了历城。华不注就像一粒种子，让一个都市生根开花。

除了松柏，更多的是竹子，这根根翠竹，怎么会在北方长得这么葱茏？站立其间，清气缠着微风，同华山的品性相偕相照。①一条小路弯弯其上，铺张的连翘和偷开的野杏在小路的两旁黄黄白白。山还是十分陡峭的。就觉得开始的感觉有些可笑，更感觉自己的渺小。上到半山腰便云雾缭绕，烟岚蒙蒙，恍惚于仙境。山上依然有庙。就想起那庙里的道士和道士后面的狼，都作古好久了，故事还活着，那里边有一个哲学命题吧。

为了赶"五一"，工人们在整修，所以游客不多。②在一处屋宇拐角，看到学生模样的两男一女在画画，问了说是山大的。口音像闽南语，原是来自台湾。说每年都有同学作为交换生来大陆学习，他们专门选的山大。我有些好奇。他们笑了，说喜欢这里的山水，尤其是华不注，因为那枚台湾发行的邮票。说着女同学拿出一本邮册，其中就有赵孟頫的《鹊华秋色图》。

远方的人，怎能不到这华山走一遭。站在山顶往北可以看到滔滔的黄河，往南能看见小清河。小清河并不小，以前接着济水。济水同长江、黄河、淮河为古四渎，曾波澜壮阔，舟帆相继。听说济南正在做着大明湖同这边水系的连通工程，不久会重现历史美景。③再往前看，就看到了巍巍泰山。这样便想起这"怒之如奔马，错者如犬牙，横者如折带，乱者如披麻"的华山同泰山该是一脉相连。泰山没有达到黄河边，或有不甘，便使地下根脉凸起一柱，了却了愿望。有说杜甫就是站在华山上望岳的。也有可能。没有一个好的立脚点，我们的诗人如何能有那种激荡的胸怀？

④走的时候，三个学生还在画着。想到那枚邮票，是否就暗合了余光中的"故乡"情缘？因此就有远方

❶ 作者运用拟人的修辞手法将连翘和野杏写得俏皮可爱，展现了山中的活力。

❷ 作者叙述了来自台湾的学生在山上画画，华不注的魅力使得他们跨越海峡千里迢迢来到这里。

❸ 作者在此处引用诗句来描写风景奇特的华山，增强了文章的文化底蕴。

❹ 作者由"华不注"的邮票联想到了余光中的乡愁，由此及彼延伸了写作范围，使文章的内容更加丰富。

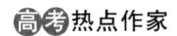

的游子,带着这枚小小的邮票,漂洋过海地来了。

　　再看华不注,已经是另一番感觉。还有那群不老松,不知要再经历多少个900岁。

延伸思考

1. 这篇文章采用了什么样的表现手法?有什么作用?请简要说明。

2. 文章都是从哪些方面来描写"华不注"的?

3. 文章中提到了齐晋鞍之战有什么作用?

大运河的优美篇首

名师导读

大运河是中国古代的伟大工程，这篇文章中作者从大运河的现状、大运河的历史以及大运河的作用等方面描写赞美大运河，大运河是中国群体智慧和精神的结晶，是中国人顽强奋斗、自强不息性格的彰显。

一

①人对什么都有探求之心，泰山极顶，长城龙头，黄河源地，天涯海角都已去过，大运河之首却成为一个焦渴的期待，那是久违的故乡吗？

正是草枯地阔，木落山空时节，出京城好远了，又出了通州好远，天地越见舒朗，直到再不见一座建筑，完全一片野旷天低的景象。

有雪纷纷扬起，温度更显低落，情绪却昂扬起来，浑茫间走下一个斜坡，再拐个弯，就看见了粉墙黛瓦，

❶ 作者通过对泰山、长城、黄河等地源头探求的叙述引出了大运河之首，以一个反问句引出下文内容，吸引读者继续阅读。

❶ 作者不断地寻找，终于找到了大运河的北首，此处用见到村口的亲人来比喻作者感到的亲切与激动。

是的，这里该有一些房舍，这里该是多么繁闹的去处，茶肆酒楼客栈官署都会有。一排高树挤出了一条通道，落叶发出苍然的声响，车辚马萧一般。尽头一堵巨石，石上有字，再看一个牌坊，上书漕运码头。是了。急走几步，不顾鞋子踩进水洼，眼前已然出现一条气宇轩昂的大河。①禁不住喊出了声，那声音，连自己都吃惊，似乎在村口见到了倚望的亲人。我呆愣着，这就是大运河？那个京杭大运河的北首？

许多河流的源头，都是细水浅溪，就像一部交响的序曲，而后才渐入高潮，只有大运河河首来得这么突然，横江断河一般，置你于无准备的惊叹之中。

河首像个大口，万里旷风都顺到了这里。水面蒸腾着雾气，像河在呼吸。大运河，你老有千岁，同自然的河流相比，却仍是一条年轻的河。你那么平静，平静得只有轻波微澜，越是如此，越显端肃。你那么宽阔，比我想象的宽多了。看不清你流去的地方，那里已烟锁雾罩。

❷ 作者将空无一人的漕运码头比作封面，翻开之后却是一片喧闹繁华景象，似乎瞬间被注入了活力与生命。

②漕运码头空无一人，干净得像一个封面，打开去看，却是山重水复，雄浑壮阔，帆樯林立，舳舻相接。身背肩扛的急步，浑浊嘶哑的呼喊，昂扬长啸的骡马，低陷沉转的车轮，泪眼彷徨的送别，白发苍然的祈望。一条大船刚刚离港，一批船舶又小心靠岸。漕运发达时，从天津每年过来的漕船就有两万艘，更别说还有商船。

二

说起来应该庆幸一次次从皇宫里发出的疏浚运河的圣谕，不仅是从隋文帝开始，在他之前早已有过，隋炀帝之后更是接续不断，那些声音越过道道森严的高墙，低徊于运河之上。

①运河的挖掘和整治，必然需要一个庞大的群体，我们无从知道那些群体中的普通姓名，但不妨碍对他们深怀敬意。从一条沟渠的初始到千里通畅的结果无疑见证了人类构筑文明的艰苦进程。②声声号子里，多少生命在前行，他们淌洒着汗水和血水，也淌洒着一个民族的苦难史奋争史，而最终低沉的号子变成了水边清丽的歌声。

运河首先表现出了民族对自身环境的挑战，它是一种群体智慧和精神的结晶，是价值取向和生命观念的飞升。正是运河的穿引，中国东西走向的水系有了横向交流，运河身上汇通了海河、黄河、淮河、长江、钱塘江的血脉。③一个数字难掩心中的自豪，大运河比苏伊士运河长十倍，比巴拿马运河长二十倍，世界上没有哪一条运河能与之比肩。

大运河，一个运字，让水的实用功能活泛起来。运河不仅输去一条通衢大道，还输去了大河的文明之波，广袤的土地变得丰沃，并催发了农耕经济向商旅经济的转变，码头带动着一个个集镇和城市迅速膨胀。水道的开通已使直沽寨发展成远近闻名的"天津卫"，聊城、徐州、镇江、常州、无锡，无不得益大运河的润泽，还有苏州、嘉兴、杭州呢？长江和运河交汇处的扬州，更成为中国最繁华的地方。

七百年前，意大利旅行家马可·波罗看到运河的时候，不由得惊叹万分，并说"值得赞美的，不完全在于这条运河把南北国土贯通起来，或者它的长度那么惊人，而在于它为沿岸的许多城市的人民，造福无

❶ 作者向当年修筑大运河的普通工人致敬，这样一项声势浩大的工程背后，定是有很多普通人为之努力，甚至压上了一辈子的时光。

❷ 大运河的修建对于中国的历史发展具有重要作用，它沟通了中国大地的南北，实现了真正意义上的融合贯通。

❸ 作者通过列数字的方式表明大运河是世界之最，表达了作者的浓浓的民族自豪感。

穷"。马可·波罗当时把浙江称为蛮子省,他没有想到,那个蛮子省,后来成了世人向往的人间天堂。

三

❶ 因为大运河的存在,古代的帝王才得以便利快捷地下江南,从北到南,从南到北,都在这一条河上便可完成。

❷ 引用李白的诗词,说明了大运河为世人带来的便利与福泽,增强了文章的文化底蕴。

❸ 作者运用拟人的修辞手法写出了大运河母亲般的胸怀,它大气、沉静,千百年来静静滋养着人们。

① 我知道,北京的很多河流都归入了大运河,这条人工开凿的河首先为中国北方最大的都城带来了好运,以至于不少帝王从这里一次次乘舟巡访。乾隆是在哪里下船的呢?"御舟早候运河滨,陆路行余水路循。一日之间遇李杜,千秋以上接精神。"这是乾隆登舟时的心情。李白早从白帝城出发,乾隆从北京而去,同是烟花三月,到了扬州也相差千年。② 不过李白在运河边有话:"齐公凿新河,万古流不绝。丰功利生人,天地同朽灭。"乾隆的每次出行都有收获,他十次到泰山,六次下江南,借助大运河,他走得比历代任何一个皇帝都勤。

不能简单说这些帝王都是游山玩水,他们还是要做些事情的,出行起码比坐在金銮殿听汇报强,比在位四十八年有二十五年躲在深宫不理国事的朱翊钧强。乾隆继接着康熙的经营,使得中国出现了一个少有的太平盛世。

大运河既已完成,已经不是哪个人的了,而是整个中华甚至整个人类的。隋炀帝早已销声,乾隆帝也随波匿迹,那些叫不上名字的帝王更是淹没在浪沙之中。多少年后一声锤响,中国大运河被认定为世界文化遗产。

③ 站立运河河首,想着它不同于其他河流的地方,它不跌宕,不凶猛,没有急流险滩、峡谷漩涡,它母

亲般大气、淳厚、秀美、沉静。它比其他河流更善于接受和容纳，即使是很窄的河道，也能见到一支支首尾相接的船队往来穿梭，那种繁忙有序而无声，不会出现大惊小怪的声笛和躲闪。即使是目前，京杭运河也是我国仅次于长江的第二条黄金水道。

四

看见了燃灯塔，它高高矗立在大运河的北端。凭着"一支塔影"，顶风沐雨的船工就知道通州河首到了，心境立时开阔起来。

①在燃灯寺的外面，见有从运河挖出的巨木，那从南方运来的宫廷用品，不知哪一次事件，使它们水下沉睡四百年。塔前还遇一老者，八十一了，十分健谈，他说中学就在运河边上的，前面坐的同学是刘绍棠。立时想起那个善写河淖的通州人，运河水波托举出多少人物？可是灿若星辰了。

②将目光放远，运河不远处，还有一个同样由人工修造的工程，万里长城。这是两个截然不同的线条，长城和运河的一撇一捺，构成中华版图上的"人"字。是的，那是历史最能代表人类活动的标志。现在看来，长城的一撇，更多地成为观赏物，而京杭大运河，却是有力又有益的一捺。一防一疏，总是后者被视为经验。想起河首所在通州的名字，这名字多么名副其实，古时万国朝拜，四方贡献，商贾行旅，水陆进京必经通州，通州有着"九重肘腋之上流，六国咽喉之雄镇"的美誉。一通而百通，不说其他，光一条运河就够了。

❶ 作者结合了历史故事，使文章的内容更加丰富，文化底蕴更加深厚。

❷ 长城同大运河一样，也是中国古代十分伟大的工程，这两个伟大工程造福了一代又一代的国人，为人们的幸福生活提供了保障。

五

雪花弥漫。①大运河，久久看着你的时候，就感觉你身上有一种宗教色彩，原以为你很难抵达，真到了跟前又似乎在虚幻中，是因为心中久存的景仰吗？

想有一段清闲时日，乘一叶扁舟，慢慢地漂，慢慢地体验运河所带给的感知与兴奋。而后望着燃灯塔，在通州河首靠岸。

❶ 作者用反问句加强了语气，表达了自己对大运河的景仰之情。

延伸思考

1. 通读全文，概括大运河修建的重要意义。

2. 长城和大运河相比，两者有什么异同？谈谈你的看法。

3. 文章中大运河的修建表现了怎样的民族心理？

白水秋风吹稻花

——欧阳修故乡行

> **名师导读**
>
> 　　欧阳修是唐宋八大家之首,是著名的大文豪。他的一生留下了很多名篇佳作,是什么促使他写下这些诗词呢?作者在游历了欧阳修的故乡后,对欧阳修有了全新的理解,试图从欧阳修的人生经历入手,去探寻欧阳修诗词背后的秘密。

　　在来永丰之前,我是不知道欧阳修的家乡的。《醉翁亭记》中有句"太守谓谁?庐陵欧阳修也",而古庐陵也是在来吉安之后我才知晓。欧阳修的墓地在距我所居的城市不远的新郑,那里倒是去过多次,最近一次去,他墓前的大殿正在翻修。新郑是黄帝故里,也是白居易自小生活的地方。欧阳修葬于此,对新郑来说是一种骄傲,对欧阳修来说也是不错的一种归属。① 欧阳修在不远的开封做官,他像包拯一样做过开封的知府,并且在朝廷里做过枢密副使、参知政事。欧

❶ 作者在此介绍了欧阳修的生平经历,也解释了欧阳修为什么葬在新郑,使读者对欧阳修的相关经历有了大概的了解。

阳修去世后，按照朝廷的规定，大臣的墓葬必须在京城五百里之内，因而，他没有葬回家乡。

车子顺着崎岖的乡路蜿蜒而行。到处是绿树碧草，田野里生长着的水稻已经扬花。一条恩江在路的拐弯处突然出现，那江好辽阔，江水并不湍急，一些沙渚在水流的冲击下这里那里地涌出水面，阳光中泛着白光。

车子终于停住，顺着一段堤坝走下去，远远地见了一处古色古香的建筑，是设在永丰的欧阳修纪念馆。①欧阳修的第三十五代嫡裔欧阳勇显得极为热情，引着我们看了馆内的展品后，听说我们还要去欧阳修祖地沙溪，便给他的姐姐打手机，要他姐姐在那里等着我们。欧阳勇告诉我，县里对他姐弟很照顾，姐姐在老家照料着"西阳宫"。他是独子，县里还给他特批了一个生育指标。实际上，无论在永丰还是在沙溪，欧阳修的后裔已经不多，不是远走他乡就是在外地聚集生息，如我前次到过的钓源古村，就是欧阳修后裔的一个分支。

车子在一条乡间路上又行进了好一阵子，时近中午时分方到达沙溪镇。镇上安排用了午餐之后，才穿过一条并不宽大但很热闹的乡间小街，来到了一处高墙的外面。②高墙里围着的是一所以"欧阳修"命名的乡镇中学。镇领导领我要看的并不是这个有着多年历史的中学的面貌。走进中学的偏门，看见的就是那个有着"西阳宫"三个字的砖瓦老房子。说是"宫"，其实并不大。欧阳勇的姐姐欧阳水秀这时走了过来。

这是一位极普通的乡间妇女，笑着说她的弟弟已经打来电话，她还专门洒扫了庭院，早早开了门锁等

❶ 作者叙述了欧阳修后代的热情，可以看出欧阳修的后代对自己祖上有这样一位著名的文人感到十分骄傲自豪。

❷ 作者叙述了后人以欧阳修的名字命名的中学，显示出后人对欧阳修的崇拜和肯定。

着我们。她说原来这里是一个道观，曾有"文忠公祠"，还有"画荻楼""读书堂"等好多建筑，后来都毁弃了，只剩了这么几间房子。

进入这个双层阁楼的砖瓦建筑，依然能看到雕梁画栋的古朴与文气。①引人眼球的是那块被列入国宝的泷冈阡表碑，在这里真切地矗立着。抚摸着这块暗凉的碑石，一种异样的感觉顺着手臂而来，似乎上面还留有着欧阳修著文时的气息。

欧阳修对他的父母有着深重的情感，多少年里他一直想为父母写篇祭文。从有这个想法到写完这篇"泷冈阡表"，经过了十几年时间，由此了了他的一份心愿。

这块碑石也是欧阳修在山东青州做知府时特别留意寻找选定的。这块碑原先就立在欧阳修父母的墓道上，后来才移到这间房子里保护起来。②欧阳水秀说碑石还遭历了红卫兵的冲击和破坏，是欧阳修的后裔设法保护才不至于被毁掉。现在看这块碑，依然有时光的烙印在其上。

实际上欧阳修对他的父亲的印象并不深刻，他是随着母亲长大的。广而传晓的"画荻教子"的故事就是说欧阳修自小就受到母亲良好的教育。欧阳修的父亲欧阳观去世时欧阳修才三岁，那是在江苏的泰州。第二年，母亲带着四岁的欧阳修回乡葬父，由于生活所迫，随后母亲又带着欧阳修流落他乡。

欧阳修是从母亲那里知晓了更多的做人的事理和家乡的秀美。欧阳修与母亲的感情是深厚而绵长的。③他在母亲的身上寄托着对父亲、对家乡的多重感情。因而他是在母亲的目光里和期望中一点点长大成

❶ 此处作者在抚摸石碑的同时仿佛跨越千年在与欧阳修对话。

❷ 时光在石碑上留下印记，透过石碑仿佛还能看到当年的历史。

❸ 从作者叙述的欧阳修的人生经历中可以看出欧阳修的母亲对他的影响是十分重大的，他后来所取得的成就离不开母亲的悉心教导。

人，并成为国家的栋梁之材。母亲在父亲去世四十二年后归天,欧阳修这时正值应天府,距离家乡千山万水。想到母亲是那么热爱父亲,热爱家乡,他决定了却母亲的心愿。于是第二年四十六岁的欧阳修扶着母亲的棺柩一路南下,历尽千难万险,陆路加水路,终于将母亲安葬于父亲的身边。

按现在的说法,欧阳修是有幸的,他名成一代文豪,位列唐宋八大家。从母亲画荻教子开始,至后来他著作等身,对欧阳一脉很是值得一表。① 然而另一方面,由于长期从政,在那个圈子里不断地受到排挤与陷害,不断地遭贬迁徙,一生之中并不顺畅。也许是愤怒出诗人的缘故,他的很多的文章是在贬谪的任上做就的。

另一点便是在情感上,他二十四岁中进士,与自己老师的女儿,十五岁的胥氏成婚,之后欧阳修去洛阳为官,跟妻子是离多聚少。胥氏十七岁那年不幸因难产去世。两年后欧阳修又续娶了妻子杨氏,没想到十个月后杨氏又染病身亡。两次丧妻使他痛苦不已。② 这期间也是他东奔西走的时候,为此更增加了他的痛苦和思念之情,写了不少追思亡妻的诗词。之后不久他又遭贬,这次是湖北夷陵。为排解孤单与忧烦,他又娶了薛氏。回乡葬母的时候,欧阳修深情地将前两个妻子安葬在了父母的坟茔旁。

从随母葬父到回乡葬母,欧阳修一共回过两次家乡,对家乡的认知也只有这么两次。在欧阳修的情感深处,是有着深深的故乡情结的,尤其是母亲死后,他的思乡情意益重。③ 母亲去世时,欧阳修打算把母亲安葬在自己所在的颍州,以便于祭扫,但是想到自

❶ 欧阳修的仕途生涯并不顺利,他一生中多次被贬,写诗可能是他排解郁闷的方式之一,可能连他自己也没想到,这同时也成就了他。

❷ 诗词的创作与作者的个人经历是分不开的,因为感情是真挚的,所以欧阳修所写的悼念亡妻的词也令人为之动容。

❸ 欧阳修对母亲的感情是极其深厚的,他想把母亲葬在自己的身边,但自身颠沛流离的生活又令人黯然神伤。

己颠沛流离居无定所的生活，加之母亲对父亲和家乡的情感，才将母亲的灵柩送回了家乡。这样一来，祭扫父母与亡妻就成了欧阳修的一个心事。虽然后来他又得到重用，在开封长期任职，但他还是不断地向皇上请求，希望能回江西任职。那个时候，在中央做行政长官对他来说已经不重要，重要的是能在余生守着父母与家乡。十年间欧阳修曾经为此事上了七次奏折，都没有得到允许。

　　①我们从欧阳修的诗中可以看到："为爱江西物物佳，作诗尝向北人夸。"欧阳修在归葬母亲时曾经指着凤凰山说过此后也要葬在此地，他是对自己说的，也是对父母说的。然而十九年后，欧阳修病逝颍州，却没能按约回归故乡。

　　告别欧阳水秀，梦星领着我登上了一座满是红色山石的高岗，梦星说这就是泷冈。泷冈于凤凰山下，远山近水环抱，翠林荻花相绕，四下里看去，还有一片片墨绿色的茶油林，一看就是一个风水宝地。欧阳修父母的墓就掩映在一片绿色之中，墓柱上的一副对联很有意味："千表不磨从国范，古坟犹带荻花香。"若欧阳修与夫人薛氏也葬于此，则是一个完美的终结了。

　　从永丰回来，我又一次来到新郑欧阳修的墓地。我想向他说：我去了先生的家乡，那里仍然是"青林霜日换枫叶，白水秋风吹稻花"的美好景象。

❶ 作者引用了欧阳修的诗表达了欧阳修对江西的喜爱，他一直将死后葬在这儿作为自己的愿望。

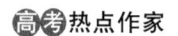

延伸思考

1. 读完文章，你觉得欧阳修是一个什么样的人？

2. 文章结尾作者提到自己又去了欧阳修的墓地，这样写有什么作用？

3. 文章中表达了作者对欧阳修什么样的感情？

哈尼梯田

> **名师导读**
>
> 哈尼梯田养育了哈尼人上千年，这片土地与哈尼人的生存密切相关，作者从哈尼梯田写到梯田所养育的哈尼人，又从哈尼人写到他们的内在精神，层层递进，环环相扣，表达了自己对哈尼梯田的向往与对哈尼人的敬意。

一

早上出发，一直在哀牢山盘旋，中途遇了几次雨，来到这里已经是傍晚。①山头的浓云你追我赶地狂奔，像要在天黑前去赶一个圩场。浓云还不可怕，关键是雾气也跟着凑热闹，弥漫得到处都是，根本就不能看清眼前的景象，心情一沮丧，雨也泪珠样跟着落下来。哈尼梯田，真的无缘相见了？来时朋友说："这个季节不行，雨多雾重，你会失望的。"

半夜睡不着，掀开窗帘，昏黑中出现了一牙儿明

❶ 此处采用拟人的修辞手法将自然气象描写得生动形象，富有趣味。

月！月牙周围镶着金黄的边。早上六点再看，天边射来一霞的红，心里一阵喜，天开了！窗后小道上，走来下田的身影。有人打着招呼，听不清说什么，但是好听得就像商量喜事儿。一个细细的哈尼女子，边走边左一下右一下梳那瀑长发。一雾轻纱拂过，竟然出现了一头头肥壮的牛。①画面生动起来。开门出去，田边有人拿一根长杆子在通水，晃来晃去的，那些雾气缠在了杆子上。

再一次急急地走向哈尼梯田。

二

岚气这里那里地长上来，像谁家在做饭。虎斑纹的梯田还是裹在云雾间不肯露真容。耐心地等待中，来人越来越多了。

终于，云雾慢慢散开，就像新人扯去了头巾，你要看，就看吧。现实还是幻影？人为的设置还是天地造化？一下子把你的感觉打乱了，把你弄蒙了，你没有了先前的经验，你必须从头认知。那么深奥，那么舒展，把一片山从下到上梯连起来，一直铺排到天上。②哈尼人的梯田，它不只是造的梯田的形，而是梯田的势，那是千山万壑的势，拔山盖世的势，九重天梯的势。

它是如此的柔情深涵，又是那样的恣意豪放。每一块田都填满了色彩，没有一块空缺。上工上学还有人请假旷课，种田就不会有事儿？但是不管这家发生了什么事儿，田都不会荒芜。它似乎总有一种集体观念，要照顾那数千数万片色彩的统一，所以就不会像有些

❶ 作者采用动作描写，写雾气"缠在了杆子上"，写出了雾气的浓重。

❷ 作者用排比的手法写出了哈尼梯田的势，增强了情感，使读者仿佛身临其境。

土地那样荒废掉，那都是平原的土地，一块顶这里很多块儿，一荒废就会荒废很多粮食。①这些土地懂得珍惜，懂得珍惜才会有一千三百年的美丽，才会让世界遗产的名录打开来，把这珍惜藏进去。

看着慢慢走行的水牛和悠悠下田的人们，你会觉得时间几乎没有走动，一千年前不也是这样？是的，有些理论在这里没用。哈尼梯田，不是谁要把它藏那么深，而是它就存在于那么深的深处。②哀牢山本义是哀其像一个牢笼吗？没有路通向外界，梯田就从那时诞生，不灭的生命就从那时延续。来时的路何其漫长、何其艰难，我就有些同情这里的人，来了以后我才明白，最值得同情的是我自己。③哈尼人世世代代就这样繁衍生息，他们没有什么不适应，尽管离喧嚣的尘世很远。后来从世界范围内端着相机来的，带着新奇来的，无非是现代文明对古代文明的惊讶和感叹，先祖的生存能力和生活审美早就是那么的高拔。

三

梯田，有梯才有田，只有一梯梯上去，才能成就一方方田地，只有一梯梯辛苦，才有一方方收成。哈尼人是卓越的艺术师，他们知道怎样利用水，利用山坡，利用雨和阳光。哈尼人把道理写在梯田上，把生活的法宝一代代传下去。

看见好大一张蛛网，辛勤的蛛在上面，一个矩形一个矩形的亮线里，透出它后面更大的田的网。三只鸟儿并着膀飞，音符样一沿沿跃过水田。几声咕呱的蛙鸣，逗引起咕咕呱呱的和声。

① 此处写出了哈尼梯田的悠久历史，读者也从中得知它被收进了世界遗产的名录。

② 作者介绍了哈尼梯田的由来，环境的独特造就了哈尼梯田，也造就了这里的人。

③ 作者原以为哈尼人值得同情，因为他们的生存环境相对恶劣，去过之后才明白并非如此，哈尼人乐在其中，反而是现代人惊叹于古人的文明。

梯田间聚集着米黄的土掌房。有的土掌房独自立在田边，像戴草帽的农人。

①千回百转的梯田，志趣不在艺术表层，而在生活内里，那是一天天摇曳的生命，一年年奉献的丰裕。哈尼人精神世界的形成，最终体现在对自然的崇拜上。与他们的生活息息相关的，都视为神，比如稻神、水神、树神，插秧之前先要举行昂玛突节，祭祀寨神林，保佑一年好时光。那田埂是要扫的，清理得干干净净，洗了种子，再撒上育苗。②他们甚至以为秧苗里有神，就是女儿出阁时不愿离家的哭嫁，娘也是以秧神为例来劝说：秧苗长大了，是要嫁给梯田的，姑娘长大了，也是要嫁给男人的。

前年二月来的时候，在不大的一块田地里，我曾看到一个后生在赶着水牛犁田，田块不大，水灌得很足，田里的土完全变成了泥塘，但泥下面还是要耕匀的，所以后生一遍遍来来回回地犁着，他和牛的身体，都沾满了泥浆。那是一头母牛，刚生下不久的小牛也在田里，跟过来跟过去。画面是生动的，但也是单调的。汉子就这么来来回回地辛苦着，没有谁和他打招呼，他只能和牛说话，更多的是长久的寂寞。山野太静，这种静无限地扩大了寂寞。

上到高处你就会发现，梯田那一块块明亮的镜片，反射出蓝天白云与层层叠叠的立体空间。③梯田是大地与人共同合作的艺术，是水与土的手工制作。那种认真与执着近乎修行。也许哈尼人的性情就是这样铸成。再过几天，就是你一年中见到的最动人的场景，也是见到的年轻人最多的场景，男人女人都要下田，将一年的期盼插在一湾湾的水田中。秧苗撒向了

---

❶ 哈尼人在这片土地上生存了千年，土地养育了他们，他们也赋予了土地灵魂，两者在岁月的长河里融合到了一起。

❷ 此处写了哈尼人的生活与梯田息息相关，甚至连姑娘的出嫁也能和梯田联系在一起。

❸ 此处描写了哈尼人将梯田打理得很好，仿佛是大地与人共同合作的艺术品，作者赞扬了哈尼人勤劳能干的性格。

田间，像一只只鸟儿入水。①插秧是妇女的事情。裸露的腿扎进水中，像一丛湿润的竹笋拔来拔去。插完了秧，她们开心地穿上干净的民族服装，成为春天里另一丛亮丽的秧苗。往后，一个个节日开始了，节日中，会有歌声笑声产生，会有一个个新人找到心仪的伴侣。你能听到那里有歌声：

> 哈尼的男人阿哥哟，
> 肩扛着犁耙下田来，
> 哈尼的女人姐妹哟，
> 身穿着新衣下田来，
> 依色欧舍依，舍依……

而到了十月收割以后，祭祀的火把会再次点燃一阵阵乐曲，风撩动着鲜艳的裙裾，让幸福变成一山的美丽。②长街宴开始了，一桌接一桌的美食从街头摆到街尾，那是家家劳动果实的展示，也是哈尼人友好的相聚。你就来吧，随便你坐在哪里，你会在亲情与友善中失去自我，迷醉或者狂放。

至夜，篝火点起来，歌儿随舞唱起来。拉起的手满是迷离的温情，温情中有人传递了五彩的荷包，有人偷偷跑去了竹林的深处。土掌房里，老人围着火塘久久地坐着，笑着，说着。月光照亮了整个山坡，叮叮的水声，正从上往下环绕在梯田中。

③下山的时候，遇见娶亲的车队正往山上盘，外面的后生忘不了家乡，要把新喜种在古老的田野上。

❶ 作者运用比喻的修辞手法，生动形象地写出了插秧时梯田里的繁忙景象。

❷ 作者通过介绍哈尼人的长街宴，描写了哈尼人丰收的喜悦，以及哈尼人热情好客的性格。

❸ 作者将"新喜"和"古老"形成一组对比，哈尼人在这片土地上世代繁衍，生生不息。

延伸思考

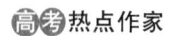

1. 请赏析"哈尼人把道理写在梯田上,把生活的法宝一代代传下去"。

2. 通读文章,谈一谈哈尼人为什么将与他们生活相关的事物都视为神?

3. 读完文章,你觉得哈尼人的性格具有哪些特点?

荒漠中的苇

> **名师导读**

苇多生长在水多的地方，且它们大多成片出现，而作者笔下的苇生长在荒漠里，环境十分恶劣的地方。作者由荒漠里的苇产生了对生命的思考，得出每个生命的存在都是有意义的结论，苇虽然渺小但它也活出了自己的精彩，全文充满着作者对于苇的赞美之情。

汽车穿行于茫茫戈壁已经很久了。人们初开始的兴奋早已变成了蒙眬的睡意。①公路像条细细的带子在沙漠中甩来甩去，不知尽头在何处。有人不停地在后悔，应该走另一条国道的，是我们少数几个出的点子，说走这条路可以看到五彩城。远远的五彩城直到我们走到了天黑，看到一颗好大的月亮，也没有见到它的踪影。旅途上的事情是不能凭美丽的想象来完成的。

慢慢地，我也没有了什么兴趣。②除了沙漠还是沙漠，而且沙漠的颜色还不是金黄色的，很多都是粗

❶ 作者运用比喻的修辞手法将公路说成细长的带子，形象地表达了沙漠里看不到尽头的路。
❷ 作者描写了沙漠的广袤无垠与荒凉，人仿佛处在虚空之后，除了沙子几乎看不到什么活物，为下文写苇做了铺垫。

89

糙的暗褐色的沙石,在公路的两边铺向无尽的远方。胡杨呢？红柳呢？几乎看不到什么植被,偶尔的几株沙棘,一晃就过去了。有时出现的不高的丘陵,也仅够让视线有个起伏的弧度。沙海茫茫,真正是茫茫了。

① 窄窄的戈壁公路上跑着的几乎就是我们这一辆汽车,弱小的一叶扁舟般地在大海的波涛中翻涌。

中间在什么地方吃了一顿午饭,然后就昏昏沉沉睡着了。醒来已是半下午了,车子还是不急不躁地跑着。我又一次地把头靠在窗户上,无聊地看着已不成风景的风景。就在这时,我竟然看到了一种熟悉的植物,是的,是那种水乡才能看到的植物——苇！起先我有点不相信自己的眼睛,以为是看错了,当这种植物又一次在我的视线中出现的时候,我真正地看清了,是苇。

在我的感觉里,苇属于弱者,弱者都是以群居的形式出现的,所谓"芸芸众生"。② 群居才能产生勇气,才能产生平衡,才能产生力量,才会便于生存。苇便是一种群像的结合体,荡漾是她的形容词。我曾在双台河口湿地保护区,在我的家乡渤海湾,在孙犁笔下的白洋淀,都看到过面积逾十万亩甚至百万亩的大芦苇荡。那一望无际的芦苇,像纤腰袅娜的女子,一群群相拥相携地在风中悠悠起舞。"蒹葭苍苍,白露为霜。所谓伊人,在水一方。"《诗经》中对一位玉人的思念也是以这美丽的植物为象征。作为一种最为古老的植物,苇给人们带来的总是美好的向往。很多的女孩借用了苇的名字。那是一种带有情感的、内涵丰富的、柔韧的、温馨的表达与体现。

③ 可眼前这些苇却显得这般瘦削,不成气势。就像初生小女的头发,稀稀落落地表明生命的再生。或

❶ 作者将车子比喻成扁舟,将沙漠比喻成大海,生动形象地写出了沙漠的广阔以及汽车的渺小。

❷ 作者用排比的手法写出群居的作用,自己看到的苇和之前看到的很不一样,排比句加强了气势和情感。

❸ 这里用拟人的修辞手法生动形象地写出了荒漠中苇的瘦削,与作者印象中成片出现的苇大大不同。

像耄耋老者，以几许羊胡迎风，仰头看着不多的时日。我想象不到在这样荒凉（不只是荒凉，简直是恐怖）的地方，怎么会有苇这种植物生长。是鸟的羽翅？是风的神力？她们真的不该诞生在这里。在白洋淀、沙家浜，苇正牵裳起舞，接受着游人的赞叹；在渤海湾、黄海滩，苇也是丰足地吸吮着大地的乳汁，欢快地歌唱。

这该是植物中的弱女子啊，给她一片（不，哪怕是一点）水，她就敢生根、发芽、开花，摇曳出一片阳光。那确实是一小片水，好像是修路开挖出的低洼地，仅仅是存留的一点点雨水，而绝不会是人为的，她们就结伴地生长起来，那是多么少的伴儿啊。但苇还是愿意有伴的，这是她们的天性。孤芳自赏的苇似乎不称为苇。

那片水已经剩了一点点，而她们的长大，还不是借助那一点水吗？看她们的样子，也就是刚刚过了童年而进入了青春期。那可是戈壁滩，是茫茫大漠，她们会摇曳、会挣扎多久呢？水涸地裂，沙丘涌动，她们都活不了。我已经看到，离水稍远的几株已经干枯颓折。

❶ 不过我想，既然作为一种生命，站立于这个世界上，就有她生命存在的意义和可能。这个生命就会不讲方式，不图后果地向上生长，直至呼出最后一息。苇，或被风收去，或被沙掩埋，都会以她最后的努力，度过她最美丽的时光。苇，你的意思不是萎，是伟！

❶ 苇是一种很平常的植物，她没有牡丹的华贵，也没有梅花的高洁，她虽平凡但也在顽强地存在着，即使在环境恶劣的荒漠，也决不放弃生存的希望。

延伸思考

1. 通读全文,概括荒漠中的苇的特点。

2. 文章前三个自然段都在写沙漠的荒凉,直到第四自然段才提到了苇,作者为什么要这样写?

3. 文章表达了作者对苇什么样的思想感情?请简要概括。

第三辑 柴桑苍翠

家为先还是国为重？岳母给予了回答。她不仅教诲儿子，还一路跟随儿子，让儿子感觉，走哪儿都是家，到哪儿都有娘。

作家带你练

【2019—2020学年天津市滨海新区大港太平村中学高一（下）语文期末质量检测试题】

阅读下面的文章，完成下面各题。（21分）

绝版的周庄

①你可以说不算太美，你是以自然朴实动人的。粗布的灰色上衣，白色的裙裾，缀以些许红色白色的小花及绿色的柳枝。清凌凌的流水揉成你的肌肤，双桥的钥匙恰到好处地挂在腰间，最紧要的还在于眼睛的窗子，仲春时节半开半闭，掩不住招人的妩媚。仍是明代的晨阳吧，斜斜地照在你的肩头，将你半晦半明地写意出来。

②我真的不知道，你在那里等我，等我好久好久。我今天才来，我来晚了，以致你这样沧桑。而你依然很美，周身透着迷人的韵致。真的，你还是那样纯美、古典。只是不再含羞，大方地看着每一位来人。周庄，我呼唤着你的名字，呼唤好久了，却不知你在这里。周庄，我叫着你的名字，你比我想象的还要动人。我真想揽你入怀。只是扑向你的人太多太多，你有些猝不及防，你本来已习惯的清静与孤寂被打破了。我看得出来，你已经有些厌倦与无奈。周庄，我

来晚了。

③有人说，周庄是以苏州的毁灭为代价的，眼前即刻闪现出古苏州的模样。是的，苏州脱掉了罗衫长褂，苏州现代得多了。尽管手里还拿着丝绣的团扇，已远不是躲在深闺的旧模样。这样，周庄这位江南的古典秀女便名播四海了。然而，霓虹闪烁的舞厅和酒楼正在周庄四周崛起，周庄的操守能持久吗？

④参加"富贵茶庄"奠基仪式。颇负盛名的富贵企业和颇负盛名的周庄联姻。而周庄的代表人物沈万三也名富，真是巧合。代表富贵茶庄讲话的，是一位长发飘逸的女郎，周庄的首席则是位短发女子，又是巧合。富贵、茶、周庄、女子，几个字词在春雨中格外亮丽。回头望去，白蚬湖正闪着粼粼波光。

⑤想起了台湾作家三毛，三毛爱浪游，三毛的足迹遍布全世界，三毛的长发沾的什么风都有。三毛一来到周庄就哭了，三毛搂着周庄像搂着久别的祖母。三毛心里其实很孤独。三毛没日没夜地跟周庄唠叨，吃着周庄做的小吃。三毛说，我还会来的，我一定会来的。三毛是哭着离去的，三毛离去时最后亲了亲黄黄的油菜花，那是周庄递给她的黄手帕。

⑥入夜，乘一只小船，让桨轻轻划拨。<u>时间刚过九点，周庄就早早睡了，是从没有电的明清时代养成的习惯？没有喧闹的声音，没有电视的声音，没有狗吠的声音。</u>

⑦周庄睡在水上。水便是周庄的床。床很柔软，有时轻微地晃荡两下，那是周庄变换了一下姿势。周庄睡得很沉实。一只只船儿，是周庄摆放的鞋子。鞋子多半旧了，沾满了岁月的征尘。我为周庄守夜，守夜的还有桥头一株灿然的樱花。这花原本不是周庄的，如同我。我知道，打着鼾息的周庄，民族味儿很深。

⑧忽就闻到了一股股沁心润肺的芳香，幽幽长长地经过斜风细雨的过滤，纯净而湿润。这是油菜花。早上来时，一片一片的黄花浓浓地包裹了古老的周庄。远远望去，色彩反差那般强烈。现在这

种香气正氤氲着周庄的梦境,那梦必也是有颜色的。

⑨坐在桥上,我就这么定定地看着周庄,从一块石板、一株小树、一只灯笼,到一幢老屋、一道流水。这么看着的时候,就慢慢沉入进去,感到时间的走动。感到水巷深处,哪家屋门开启,走出一位苍髯老者或纤秀女子,那是沈万三还是迷楼的阿金姑娘?周庄的夜,太容易让人生出幻觉。

(选自《喧嚣中的足迹》,有删改)

1. 下面对文章的理解与赏析,不正确的两项是(　　　)(4分)

A. 文中"仍是明代的晨阳吧","仍是"表明了周庄仍保留了古建筑群的原貌,"明代的晨阳"暗示周庄保留了自明代以来的建筑风格。

B. 作者反复强调"我来晚了",既有相见恨晚之意,表达自己对周庄的仰慕之情;也为自己没有早来周庄看望她最原始纯净之美,现在她的美已经彻底改变而惋惜。

C. 本文用"你"称呼周庄,运用拟人手法,使周庄具有了人的灵性,作者像在与周庄对话,便于直接抒发对周庄的热爱。

D. "守夜的还有桥头一株灿然的樱花""这花原本不是周庄的",是说明周庄连一株移植的花都很刺目,这样写表现出作者关于周庄的"操守能持久吗"的疑虑。

E. "慢慢沉入进去"是说在安静的夜晚,面对周庄的自然、人文景观,"我"想到周庄的人文历史,超越时间的阻隔,融入了历史的氛围中。

2. 请赏析文中画线句子。(4分)

3. 请写出周庄的特点。（3分）

4. 作者为什么有"周庄的操守能持久吗"的担忧？（4分）

5. 请探究文章标题的多重含义。（6分）

名师带你读

阳朔遇龙河

名师导读

每个人的记忆里大概都会有那么一条河在静静地流淌，这条河或许承载了你的童年往事，或许是你远在他乡思家的想念，于阳朔人来说，这条河便是遇龙河。作者从遇龙河的桥、景以及人等各个方面立体全面地介绍它的风土人情，似乎在极力地劝说你留下来慢慢享受。

一

阳朔的气魄一直很大，人说桂林山水甲天下，它说阳朔山水甲桂林。只因漓江美景多一半在阳朔地界。这也就理解了。①近些年阳朔又出来一条遇龙河。似乎好东西总不一下子拿完。说我们阳朔有一江一河，

❶ 作者采用拟人的修辞手法将阳朔写成藏着宝物的人，赞叹了阳朔的美景之多。

你光知道一条漓江，却不知道一条河，不遗憾吗？

但凡在阳朔住下来的人，都没有这样的遗憾了，因为他们就住在了遇龙河边上。那边上有富桥、遇龙、旧县、岌打，都是古村子，上百年的民居聚集在河边。那些形状各异的山加上一条清澈的水，在老辈人看来是好风水呢。外边的人对遇龙河相见恨晚。他们就笑，就腾出多余的房间，敞开门让你来住。①住的不光是四面八方的中国人，还有五湖四海的外国人，加上那个情调迷人的老西街，阳朔真成了世界的了。

❶ 作者通过写外国人的到来从侧面证明了阳朔是多么受欢迎，印证了它的名气之大。

二

整个早晨，遇龙河清澈而安静。我站立河边，与它融为一体。在大片的山谷中，雾气弥漫。像是为一条河罩上圣洁的婚纱，庆祝新一天的开始。②感觉到处都是不安分的种子，到处都在滋芽，等待开花。河边的蜂箱，正把嚣嚷暂时封存。一只鸟儿乍然落下又飞起，像河中的精灵。几头水牛如神怪突现，顺着河边逶迤而去。月儿尚挂在天上，峰尖泛红，太阳尚在预热。

❷ 作者用比喻的修辞手法生动形象地写出了阳朔的清晨，万物在静默中蕴含生机，准备迎接崭新的一天。

晨光熹微里出现一只筏子，筏子上没帆，却涨满了风，鼓荡得人激情澎湃。激情澎湃的还有歌声，那歌声很独立，在每个日子的开始或结束的时光，它都能穿越千山万水，而后委婉地回来，准确无误地把一种叫作情感的东西传递给那一个人。

顺流往下，是一片不按规矩生长的榕树，榕树完全地成了雾气的一部分。榕树间现出一座老桥，雾气裹了桥面，却裹不住圆圆的桥洞，水上望去，就像细腻的肌肤戴着一副镯子。桥洞将竹筏上的人剪影出来,那是一位女子,大清早的却戴着斗笠。穿过桥洞的时候,歌声整个歪了一圈,而后歪进水里,陡然变得水汽迷蒙。

人们说,多少年前,电影《刘三姐》就是在这段水域拍摄的,这座遇龙桥,也是刘三姐对歌的桥。① 这桥好久了,还是在明代,这里的壮家人就建起了孔洞十分夸张的石桥,那是为了帆船的通过,还是显示壮家人的排场?上游不远,还有一座富里桥,六百年了,同样沉实地蹲在那里,望风看水。在这条遇龙河上,竟不知有多少座老桥。从桥上穿过,能到不远的桂林公路,而很久以前这里就是通往滇缅的要道。

② 朝阳已经露脸,它像是在焊接,想把那些云霞固定在山尖上,焊花一会儿一闪,溅落水中。

我知道,或许早晨就是遇龙河最好的时段,早晨它情绪饱满,神气活现。

三

遇龙河的背景就像漓江的背景,有时看着河,会看成一幅同样的漓江山水。

遇龙河来的地方竟然叫世外桃源,我听了一愣,感觉一片神秘又一片辉煌。而它去的地方是漓江,它极快地奔涌的目的或就是与漓江汇合,然后涌动成更加美丽的锦缎。③ 在那个宽阔的汇合处,《印象·刘三姐》每天都在激情上演,演绎出更加迷人的阳朔风情。站在那里回看遇龙河,一定会看出生命的灵动。

---

❶ 作者介绍了遇龙桥的历史之悠久,作者以疑问句的形式对桥的建设提出猜想,引起读者的思考。

❷ 这里的描写画面感十足,作者运用比喻的修辞手法将日出时的景象描绘出来,使读者仿佛身临其境。

❸ 《印象·刘三姐》是由张艺谋导演的大型桂林山水实景演出,它向远道而来的客人诉说阳朔风情,不远处的遇龙河静静地流淌,迎来送往。

遇龙河的美质与它的声名毫不对称，它完全是一位养在深闺的角色。不是有人说吗，若将漓江比作成熟的少妇，遇龙河就是尚未开化的少女。

它真就像少女一样没深浅，随意地跳荡，随意地舒展，插遍鲜花翠竹，铺满绿草田园。这里的人说，你没有看到春天，两岸的花海整个都是它的了。这个时节稻田已经结穗。杧果、黄皮果、百香果也已经成熟。

再看那些山，哪一座都可被称为阳朔的标志性徽记。正是这样的山形汇聚，才让"甲天下"的称号归不到别处去。对于遇龙河来说，那些山都成了自己的"皇家仪仗"。

河边的人多了起来，涮洗的，取水的，说话的。这河就像他们的亲人，一会儿不见就想。村女们穿素花的衣衫，同老人聚在河边看水。我注意到了她们的眼睛，如河水泛着层层晶莹。那晶莹能浣你的陌生你的惊讶，让你一下子也晶莹起来。①我奇怪，现在的年轻人都往外走，这里怎会有这么多的女孩留下来？一个女孩说，守着家租租房屋，使使筏子，卖卖水果，就可以顾住生活了，而且水是多么的好，还用出去吗？正说着，灰墙白瓦的门里出来一对儿笑着的外国夫妇，也来看水。

阳光完全地温暖了一条河流。蝴蝶已经开始恋爱，它们在阳光里相互追逐。一群孩子不知什么时候上到一个个筏子上，叽叽咯咯地撩水嬉戏，水早已将身上打湿。一个女孩的发辫散开还在激战，她不时甩着长发，甩出一串莹亮和笑声。

水流匆匆不回。水车仍在岁月里幽幽作响。②河

❶ 河边的人们过着最简单朴实的生活，相对于远离家乡的年轻人，遇龙河的姑娘更愿意留下来，因为这里足够好，足够让人留恋。

❷ 作者通过对遇龙河岸边人们生活的描写展现了遇龙河的活力与生机，人们在这里出生，也在这里死去。

滩地有坟墓崛起,在坟的近旁,有着马头墙的老屋里,又一声啼哭传出。还有一户人家,早早地在河边涮洗,门口贴着大红的囍字,他们在准备迎接新娘。

河是村子的元气,多少年,河水一直这么激情无限。所以说村子虽然老了,仍然血气方刚。

四

我总觉得河水是来自那些芋头样的山峦,那些山峦消化和代谢的都是蓝天白云。

从天上看遇龙河,会看到一道弧线优美而透明的瓦蓝色玻璃。玻璃闪映着峰峦田园。有时还会看到碎玻璃样的效果,每一片细碎都印着日月星辰。

大概还记得,公元1637年,阳朔码头下来一位客人,这个人大家不陌生,他就是徐霞客。不知道他从哪个方向来,但他一来就喜欢上了这里,并一口气写下八千字的手记。①六天时间,他不停地踏访,面对惊现于眼前的水墨丹青,他激动地称之为"碧莲玉笋世界"。这个称谓,满含了美学与诗学意味。

我站在苍茫的河水之上,巨大的景象将我笼罩。我已经看不到早晨的筏子和唱歌的女子,她或许早就去远了。

❶ 作者通过引用行侠徐霞客的话来赞美遇龙河,使文章的内容更加丰富,也印证了文章的观点。

延伸思考

1. 通读全文，概括文章是从哪些方面来描写遇龙河的。

2. 文章中多处都用到了比喻的修辞手法，这样写有什么作用？

3. 作者眼中的遇龙河是什么样子的？请简要概括。

冰山的丛林

名师导读

青藏高原被称为世界屋脊,它的冰山丛林奇观更是让很多人心向往之,这篇文章从作者自己的视角出发,描写了作者的所见所闻以及通过所见得出的思考,引起读者的无限遐想。

一

如果不是现代的飞行器,让我从空中清晰地俯瞰青藏高原,我是无论如何都无法凭想象完成对这一片雪域冰峰的描述。它实在是太辽阔,辽阔到无边无际。它实在是太神奇,神奇到无尽神秘。

①飞机以每小时800公里的速度在穿行,但是你总觉得它并没有怎么改变它的位置。

为了确定我的毫无道理的怀疑,我将眼睛置于窗子上,久久地注视着一个点,我真的发现,那个点会好长时间都在视野里。

❶ 作者通过这一描写从侧面说明了青藏高原的辽阔,补充了前文的观点。

二

①景象太威严，到处都是冰山的丛林，那丛林简直就是一大片的原始森林。

阳光将它的光辉覆盖上去，竟然觉得那光辉射出来，已经变得冷峻无比，同这片区域融为了一体。照在上面，无非是表示自己的关照。尽管那关照显得毫无意义。

冰山的尖利的牙齿刺破一块块云彩。实际上，云在这里已不能称为云彩，它没有了色彩，只有灰冷的色调，一块块、一片片地飘浮在这些牙齿间。

②不定哪一块飘浮得过低，就会瞬间被刺破或者撕烂。撕烂的云便成为一堆乱絮，挂在哪里，缠在哪里，然后变成顽固不化的冰坨。

这些冰坨当然不是由此产生，它们或来自更高更厚的云团。

那些云团携带着对这片区域的使命，常常会将山脉两边的冷空气搅和在一起，它们一定有一种神奇的搅拌功能，那种神奇会出现在当地藏民的神话中。

我尚不能解析。但我知道，正是由于这些云团，使得大片的山海成为向往中的最为壮观的冰雪世界。

③多少人为了看到这个世界而不远万里地赶来。但是他们赶来，也只是看到一两座雪山，并不能全部达成愿望。

飞机上的人在激动，我能够感觉到他们为何而激动。因为他们中有曾经无数次在此间飞行，却少有今

---

❶ 作者将冰山比喻成原始森林，生动形象地写出了青藏高原的冰山奇观。

❷ 作者用动作描写写出了冰山的锋利，"撕烂""挂""缠"等动作表明了不小心飘入冰山的云彩毫无招架之力。

❸ 这一景观令很多人向往，但这奇特的景观不是常有的，显示出了它的可贵及作者的幸运。

105

天的幸运。

何况这条航线开通的时间并没有几年。那么，我们就是幸运者中的一员。

三

这一片山体，也没有想到会有一天，有人能从空中发现它们的秘密，看到连它们自己都不可知的整体。

①不，我们依然看不到那种真正意义上的整体。飞机只是按照一定的航线飞行，而这条航线，也是最安全的航线。不利于飞行的地方，是不会经过的。由此想到，我们也只是擦过它们的肩头而已。

你看，远处那高高挺起的巨峰，是那么陡峭、尖利，它就像一位统治这个世界的首领，俯视着它的臣民。

②它那么威武甚至傲慢，对一架比一片雪粒大不了多少的飞机不屑一顾，尽管它同样闪着银辉的亮光。

这个时候，我发现飞机在转弯，它那巨大的翅膀一只斜了上去，一只指向了下方。

啊，它正在绕着巨峰飞行，我不知道它是出于什么目的，但是更加让我看清了这座庞然大物。它周身都是冰雪，只有最上边露出锋利的山体。冰雪就像它的大氅，将它衬托得更加不可一世。

可以想象，那雪是不会化的，终生也不会化。实际上那就是人们说的远古冰川。但是这冰川再远古，也终是不能遮盖向上突起的山体。那山体有一股不服

---

❶ 青藏高原的冰山丛林依旧充满着神秘色彩，人们所看到的整体只是想象中的整体，并不是它的全部。

❷ 作者采用拟人的修辞手法生动形象地写出了冰山的挺拔巍峨，庞大的飞机在它的眼中与一粒小雪花没有差别。

绝版的周庄

遮盖的气势，即使在一片冰雪世界里，也遗世独立。

我看到长长的大氅的下摆，那是冰川流去的地方，我知道，在它的下面，就是一条河的源头，淙淙不断的源头。

① 在这些冰川下，该有多少条细流？肯定很多很多，那些细流终究要汇在一起，汇成大江大河，汇成黄河长江。

我当然很想看到黄河长江，但是我知道是看不到的，这里只是它们的最初阶段，每一条细流都是最初的阶段，它们还没有发育，或者正在发育，它们要有一个成长期。我们要在稍远一点的地方等着它们。

② 我这次来，就是要寻找那条最远的最长的细流，那或许就在我看到的山林跟前。

这么说，我会走到这里。

我为我的想法激动不已。

猛然间醒悟过来，我所看到的，可能就是昆仑和巴颜喀拉。

❶ 青藏高原的冰山丛林是很多河流的发源地，这看似不起眼的涓涓细流最终汇聚成了黄河长江，奔流入海。

❷ 人类的起源离不开河流，大河孕育了人类，而冰山孕育了大河，作者想要找寻细流的源头，某种程度上具有寻根的意味。

延伸思考

1. 通读文章，概括青藏高原冰山丛林的特点。

107

2. 请简要赏析"它就像一位统治这个世界的首领，俯视着它的臣民"。

3. 文章中饱含着作者怎样的思想情感？

大河壶口

> **名师导读**
>
> 李白有诗"黄河之水天上来，奔流到海不复回"，描写了黄河的波澜壮阔。在黄河入海的过程中有一道道的险弯和断崖，壶口便是其中的一道奇观，这篇文章中作者娓娓道来，从多个角度介绍了大河壶口。

1

①天地相接之处，两山峡谷之间，无边无涯一派炫黄，顷刻间成千万匹野马奔涌而来。

必然是不知道前面有一个巨大的跌落在等待着，坚硬的岩石构筑的峡口，没有办法不面对，没有办法可回避。于是千万匹野马汇成了千万声震雷，千万声震雷炸裂起千万重烟霾。

②这是真正的黄河大合唱，一滴滴水的音符构成了这多音部的浑然交响。这是力量的交响，是团结的

❶ 文章开头作者便直接描写了一幅盛大的景象，使读者仿佛身临其境。

❷ 作者将水滴比喻成音符，将奔流不息的河水比作交响乐，生动形象，同时运用排比的修辞手法增强了情感。

109

交响,是奋进的交响。在这交响中你会听到马蹄声、号角声、战鼓声、箭镞声、枪炮声、怒吼声。

黄河就这样不停地奔涌,不停地跌落,不停地鸣响,由此构成了一个惊天动地的胜景。

2

① 我刚刚去过黄河的源头,那个叫玛多的地方,从那里涌出的水流是极细小极清凌的,悠然地像个处子。

而我住的地方,属黄河中下游,宽广散漫,极易决口。

我却在这里见到了大河极狭的景象,那是同他处都不一样的地方。怎么能够收得那么窄小,那么完全,那是一种什么力量?

大河壶口,大河应该有壶口这等奇妙的变奏,壶口也应有大河这样雄浑的衬托。

世上的事情就是这样,大奇方构成大美。

3

我到来的时候黄河在流着,一股股地奔涌,一层层地跌落。转回身我再看,它还是在流着,还是一股股地奔涌,一层层地跌落。

② 不管我来不来,我在不在,它都在流着。

不知哪来的这样多的水,这么大的力量,推涌着,翻腾着,在壶口震荡起一波又一波的狮吼虎啸。

③ 秋雨季节,河的上游冲过来的什么都有,残破的船、高大的树、大块的山石和死去的兽类,一到壶口,

❶ 作者将黄河源头的细流比喻成处子,形象地写出了一开始的黄河是多么弱小,它经过不断地汇流发展,才最终成了我们印象中的黄河。

❷ 黄河千百年来一直在奔流着,不曾因外物改变,它一点一点地汇聚着自己的力量,奔流不息。

❸ 作者通过对黄河的上游冲过来的事物的描写,从侧面说明了壶口之险。

便会瞬间粉身碎骨。

黄河不舍昼夜，千古奔流。壶口昼夜不息，流金铄石。

4

①黄河是一幅画，壶口便是这画中的点睛之笔；黄河是一幅书法，壶口便是这书法中的洒脱之墨。

也许是一种特有的安排，非得让黄河走过陕北这一段，在这里遇到一种挫折，一种艰难，一种意想不到的跌落。在这里激起一种震荡，一种豪放，而后练就一身硬骨，一种性格。

等在前面的是辽阔的中原，还有更加辽阔的大海。

❶ 作者采用比喻的修辞手法说明了壶口这一景观的独特性。

5

高兴的时候来，会在这里找到快乐的共鸣，会看到浪花笑出一层层的灿烂，那是心底的浪花。

怀着怎样的悲伤而来，也可以找到苦痛的共鸣，对着浪涛发出自己的呼喊，流出的热泪，所有的浪花都会接纳。

没有人知道你的秘密，你站在某一个边缘上，大喊大笑，大哭大叫，都任由你去，所有的声音都淹没在那滔天巨吼之中。

我曾有着多年的忧伤，这种忧伤是母亲远离时带给我心底的划伤。为此多少年都不敢下笔去陈述我的心曲。

②如今站在这波涛之上，我一下子就想起了母亲，

❷ 黄河被称作"母亲河"，她是犹如母亲一般的存在，默默奉献，不求回报，滋养着两岸的人们，作者由黄河联想到了自己的母亲。

那如大河一般宽广深厚的母亲。我把我所有的怀念、所有的回忆、所有的对母亲的爱都投注于这浪涛跌落之中,我觉得这一刻,母亲必然听到了,必然理解了她的孩子这多年的心结。

6

水浪相交而生的雾霭,在阳光的照射下,散出道道彩虹。近处,到处是浪与浪相撞而翻起的细雨一般的水汽,刮到人的脸上、身上,湿漉漉地让人觉出这瀑布的质感。不断有一层一层的人拥上前去,他们都想越发近地亲近壶口。

一个女孩,把脚伸到了壶口悬崖的边沿。那边沿有些松软的泥巴,她弯下腰去又用手试了试,然后就大胆地站到了最边上。那一刻,她也许感到了极大的满足。风扬起她的长发,水波撩起她的衣衫,从东边来的阳光正好透视了她的曲线。①这是一个青春烂漫的女孩,她的柔弱,她的娇憨,她的青春同这瀑布的狂放,瀑布的雄壮,瀑布的古老形成了一种衬比。我把这一瞬摄入了永久的镜头。

一对相搀相扶的老者,蹒跚的脚步探试着起伏不平的山岩,来到这壶口边上。他们挎着胳膊,并着肩膀,让狂涛怒吼于胸,让斜风吹乱苍发。我不知道他们从何处来,路上经过怎样的行程。他们站在那里的神态,是那么的庄严,又那么的豪迈。

他们久久地站立着。他们经历了漫长的童年、青年、中年和老年。经历中必定有着无数的艰难困苦、雨雪

❶ 作者采用对比的手法进行写作,古老的壶口不断迎来年轻的生命,为它注入了源源不断的活力。

风霜，必定体味了无尽的酸甜苦辣。人到暮年，对着这壶口瀑布一定是想明白了，想透彻了。

① 我向下游走去时，他们依然站在那里，像一尊雕塑。

7

宜川的胸鼓和壶口的斗鼓在壶口边的岩石上击打起来。② 他们头缠着白羊肚毛巾，挥舞着红绸系着的鼓槌，狂跳着、旋转着、起伏着，他们的身影同黄河的水浪叠映在一起，显现出陕北的豪迈气概。

那黑黑的脸庞，那结实的肌肉，那憨厚的笑容，那沙哑的呼喊，和着锣鼓声、波涛声跌入一个又一个旋涡，掀起一个又一个高潮。

看黄河就要来看壶口，看壶口的波涛，看壶口的旋风，看壶口的汉子，看壶口的锣鼓。在这里便可看到一种精神，黄河的、陕北的、民族的精神。

8

真的想，永远站在这里，每时每刻，与这涛声相伴。

❶ 作者运用比喻的修辞手法将老者比喻成雕塑，生动形象地写出了他们久久伫立的样子，许是在思考什么人生的道理而忘记了时间。

❷ 作者通过动作描写写出了人们狂热的舞蹈，澎湃的壶口与奔放的舞蹈交织在一起，声势浩大，充满力量。

延伸思考

1. 通读全文，概括作者主要是从哪几个方面来写壶口的。

2. "等在前面的是辽阔的中原,还有更加辽阔的大海",你怎样理解这句话?

3. 作者在文章的结尾处提到的"黄河的、陕北的、民族的精神"是一种什么精神。

柴桑苍翠

> **名师导读**
>
> 精忠报国的故事大家耳熟能详，它的背后是一位母亲对孩子的殷切希望和谆谆教诲，可以说岳飞的成功离不开岳母的支持。这篇文章从岳母的墓入手，探讨了一位伟大的母亲对一个家庭及一个人成长的重要意义，同时赞扬了母亲的无私与伟大。

一

❶到达九江已是傍晚，想起枫叶荻花中的白乐天，不知道送客的码头在哪里。但仍是感到一种亲近，毕竟在他的诗中徜徉良久，并且去过他所居的香山拜谒，中原是他的第二故乡。

再往前走，又想起一个人，这里却成了他的第二故乡。

岳飞是地道的中原人，我儿时读书的地方，离岳

❶ 作者提到了白居易《琵琶行》的内容，以读者耳熟能详的故事开头更能引起读者兴趣。

飞老家只有二三十里,骑着车子就到了。那个村子还在,老宅还在,却早没有什么人。自岳飞参军,岳家人包括岳飞母亲,都随岳飞出征。那真是一声唤,汤河卷巨澜。

精忠报国的岳家人,就此背井离乡,四海为家。①叶落归根是中原人信守的念想啊,但为了国家,没有选择。岳母最终葬在了九江柴桑,岳夫人也是葬于此地,而岳飞,葬在了西湖边上。

尽管岳飞没有带着母亲带着岳家军回来,中原人始终也没有忘记这位英豪,在他的老家,人们早就为他修了祠堂,祠堂里一并供奉他的母亲及妻儿。在他被十二道金牌催回之地朱仙镇,当地也为他修庙建祠,刻石立牌。我专门去过那里,那是豫剧祥符调的发祥地,是宋代木版年画的发祥地,那里距北宋之都汴梁只有几十里。

②家为先还是国为重?岳母给予了回答。她不仅教诲儿子,还一路跟随儿子,让儿子感觉,走哪儿都是家,到哪儿都有娘。

二

刚到柴桑的岳母祠前,就见高高的一杆杏黄岳字旗迎风乱舞。旁边一口池塘,闪着清韵。

墓地在高处,石阶很多,层层叠叠,一些叶片与花瓣覆在青苔蔓延的阶上。踏上庐山株岭的山岗,可看到墓地三面环山,一面开阔,形似卧虎。③墓园原有宋明所建祠、亭、庐宇等,皆毁于兵乱,唯有岳母姚太夫人墓累世修葺,保存完好。据说埋葬母亲时,

❶ 岳飞没能落叶归根,他为了报效国家背井离乡,这里表达了作者对岳飞精忠报国精神的赞扬。

❷ 岳飞所取得的成绩与自己的母亲密不可分,母亲用自己的行动支持着岳飞,给予岳飞最大限度的支持。

❸ 岳母的墓始终没有被破坏,人们的累世修葺从侧面反应对这位伟大母亲的敬佩之情。

岳飞带着岳云光脚扶柩，一路攀登，极尽哀思。

站立岳飞墓前，耳畔总会响起那一声吼：还我山河！而站在岳母墓前，想起的是精忠报国的叮咛。山河即国，国即山河。国与家又相依相连，山河破碎，家不完整，为娘只能伴儿出征。岳母深明大义，军队遇到困难，就劝岳飞变卖家产，以充军费。

岳母随岳飞辗转各地，长江之畔的柴桑，也许是这个家安的时间最长、感觉最妥帖的地方，以致母亲至死都没有离开。岳妻代儿行孝，尽了儿子与媳妇的双重责任。这样，岳飞领兵才放心，跃马扬鞭，娘亲在后，大刀挥动，柴桑安宁。

岳母坐南朝北，望着故乡。① 这位贤母的塑像，是中原母亲的经典形象。有匾称母仪万世。堂前有柴桑区第一小学敬献的花篮。出来时，看到一个女孩正与两位老人往高台上攀。我以为他们是岳家后人，女孩却说姓曹，九江的，刚带父母去杭州拜谒了岳飞墓，回来就想着来看看岳母。九江人对岳飞真的是独有一番情感。

墓园经过一次次整修，有了现在的规模。② 山上芳香阵阵，闹不清是桂花，还是香樟。五月里，竟然看到一树树红灿。问了守门人，说是红叶李。周围还有枇杷、楝树、罗汉松。到处生长着鲜花野草。其中有苦苦菜、荠荠菜、野蒿子。守门人是一对老夫妻，正择着蚕豆。他们已经把这里过成了家，过成晚年最好的时光。

有人说，岳母为什么不叶落归根，归家安葬？也许当时山河破碎，只能是四海为家，江河为伴。岳飞葬母的情怀与家国情怀是相照的。

岳飞不被杀害，还能回柴桑看看母亲，哪怕是后来，

❶ 时至今日仍有人为岳母塑像，去祭奠岳母，这些行为都体现了人们对岳母的喜爱，精忠报国的故事至今还在为世人传颂。

❷ 人们在岳母的墓周围种满了她喜欢的植物，这算是后人对她的一种美好祝福吧。

❶ 岳飞母子到死也没能归故乡，因为有国才有故乡，山河不存，何以为家，作者在此以强烈的语气表现了岳母当年的愤懑。

给母亲上上香。但是他不能了。①母亲闭眼时，也许看着儿子的方向，那里也是汤阴老家的方向，国家不宁，山河不安，为娘不甘！

柴桑的名字好啊，它有烟火气，有陶渊明的东篱与桑麻气质。这是一个生活化的词、接地气的词。岳母安睡于此，应该是有一种归属感的。汤阴在一条小水旁边，柴桑在一条大江旁边，说起来都是浩浩国脉。

三

去岳飞妻子的墓地，山间的小路盘盘绕绕，打听着最后拐入一条小路，小路上一位老人与我们擦肩而过。到了地方才知墓园的管理者，正是刚才过去的大娘。

❷ 作者运用外貌描写勾勒出墓园管理者的模样，令读者对她有了大概的认识。

②大娘姓甘，一件干净的白衬衣，一顶草帽，弯着如弓的腰背，拿一把扫帚往前走。小路上芳草萋萋，流水溅溅。遇一携带农具的妇人，是老人的外甥媳妇，刚在地里栽了西瓜苗。走过石板小桥开始上坡。坡越来越陡，上了一坡还有一坡。我们想让老人留下，只把钥匙交予我们。可老人坚持要上。她拄着一根拐杖，竟然一级级攀上来。开了一道铁门，还有一道陡坡，我们搀扶着老人，终于上到最高处。墓地四周翠竹环绕，棵棵壮实。老人看我们洒扫了墓地，说这里正对着岳母墓的方向，是凤凰展翅之地，同样是皇上所赐。

老人今年八十有五，仍然有此健壮体格，真不简单。听我们夸她，她说老伴姓熊，去年走了，活了八十八。以前都是老伴看护这墓地，老伴走时托付给她，她自然也要负好责任。她说岳家后人捐资修成了村前的那条水泥路，让三桥村也沾了光。她说自己娘家就在岳母墓附近，嫁到这里又在岳媳墓跟前，是一种缘分。说着，老人起身，弯腰拔下阶前的一株草，扔在一旁。看得出来，老人身上同样有着贤惠与善良。

往回走时，老人不再带那个扫帚，将它放在了门旁，然后将铁门上锁。走下来便是她家的地，地里是刚栽的西瓜苗。①同老人告别时，看到她家门口的对联：良操美德千秋在，亮节高风万古存。

❶ 作者引用守墓老人家门口的对联赞扬了岳母，同时也赞扬了老人。

四

家庭是社会的细胞，母爱的影响是人生轨迹的校正仪。

②柴桑在一座山顶建起了贤母园，他们觉得这里有一种精神在放光，除了岳母，还有择邻的孟母、断发的陶母、画荻的欧阳母，这些伟大的母亲都属于一个根脉，她们繁衍生命，佑启子民，以自带的勤劳俭朴、贤德智慧之光，灼灼地映照着人类文明。

❷ 除了岳母之外，贤母园里的每一位母亲都非常的伟大，是她们用自己的美好品德促进了人类文明的发展。

看到她们，我能够想到自己的母亲，那同样如大河一般的母亲。是的，每一位来贤母园的人，都会看到母亲的面目。

平原上的白太阳在田野上跑，田野除了树木没有别的。③八百里大平原吹过劲舞的风，像萧萧铁蹄，带着岳家军的气势，融入长江的浩浪，融入浪般的九江柴桑。

❸ 作者采用比喻和联想的修辞手法写出了岳家军的气势，赞扬了他们视死如归、精忠报国的美好品质。

一抹夕阳，从丛林间斜照下来，为柴桑大地撒上一层明暗相谐的光芒。当然也渲染了豫北的菜园镇程岗村。

再一次回头望，没有与岳飞埋在一起的母亲与妻子，安详而永远地睡在这里吧，睡在中原古老的民谣和江南沉浑的曲调中。

119

延伸思考

1. 读完文章,你觉得岳飞能取得如此成绩与什么有关？谈谈自己的理解。

2. "家庭是社会的细胞,母爱的影响是人生轨迹的校正仪",谈谈你对这句话的理解。

3. 文章中表达了作者对岳母怎样的思想情感？

春来草自青

名师导读

　　这是一篇哲理性散文,作者从看似不起眼的小草写起,写到了小草的生命力之顽强,即使是沉重的石头也不能压弯它的身板,阻止它的成长。小草的一生好似人的一生,人生有时坎坷有时通达,但无论何时都不要放弃对理想信念的追寻,因为总有"野火烧不尽,春风吹又生"的那一天。

　　世上生长最多的植物就是草了。草不讲条件,不论环境,只要能够生长,就一定不弃一次生命。我依然记得,小时候曾费了很大的气力翻起一块石头,石头下面竟然有一株草。由于长期不见阳光,草有些泛白,石头和土地的挤压,又使它弯曲了无数道弯。①过了几天,我在院子的一角偶然间又见到这株草,它已经全身泛出绿色,并且挺直了身体,把自身的枝杈伸展得蓬蓬勃勃。

　　我还看到过沙漠中的草,不知道是一种什么草,

❶ 作者采用拟人的修辞手法写出了小草的顽强,即使被石头和土地挤压了,它也依旧能够挺直腰板,顽强生长。

就靠着沙漠中的一点湿气活着。风一遍遍扫过，沙一次次覆过，那草仍然举着一抹绿色。为了防止沙漠的侵袭，人们在沙漠的四周种树，其实沙漠上很多这种草，在树的四周起着作用。

❶ 小草随处可见，它被人们忽视却没有因此气馁，始终在无人关注的角落随意生长。

①草是最普通的植物，没有人能更多地叫出它们的名字，草也不需要谁叫出它们的名字。它们只是随意地生长着。在荒无人烟的地方，它可以长得铺天盖地。草是较早出现的植物。动物和人类都与草有关系，人类为了自己的需要有时会把草逐出最有利于生长的环境，有时又为了某种需要大量地种植这种植物。

❷ 一棵小草可能不起眼，但一群小草便充满力量，作者用比喻的修辞手法生动地写出了一群草在一起摆动的场景。

②我喜欢群体性的草，它们集合起来有种壮观的感召力。那种一左一右的摇，一前一后的涌，就像大合唱的群体的摆动。在十分安静的草原的夜晚，我听到过这种草的声音，那是一种美妙的马头琴的声音，不只是一只马头琴，是很多很多只马头琴舒缓的自在的声音。我在这种声音里暗自流泪。

我还闻到过草香，那是在爷爷的葬礼上。我跪在一片草上，看着爷爷正在草中下降。爷爷来自草，与草打了一辈子交道，他也终将要变成一棵草，从地里茂盛而出。我就在那时闻到了草香。那是一种特殊的香，一种带有野气的香。我从草里站起身的时候，就觉得我又长高了一截。

草为我做出了表率，这是生命的典范。生命来自真实，真实来自自然，就像石头下面的草，沙漠中的草。生命有时是需要坚毅的，有时是需要隐忍的，有时是需要等待的，最后的勃发就是信念的勃发。草的道理也告诉我，有坎坷就会有通达，有苦涩就会有甜蜜，有暗夜就会有黎明，有寒冬就会有春风。白居易曾说过"野火烧不尽，春风吹又生"，那就是说草的。一些草死了，一些草又会生长出来。一些草看似死了，春天的风又会使它发出新绿。

"草色遥看近却无"，那是又一个春天的景象。

延伸思考

1.通读文章，概括小草具有什么特点。

2.文章倒数第二自然段引用白居易的"野火烧不尽，春风吹又生"有什么作用？

3.作者想通过小草表达什么道理？请简要分析。

惶恐滩头

> **名师导读**
>
> 这篇文章采用对比的修辞手法进行写作，作者穿梭于幻想与现实之间，为读者介绍着惶恐滩的前世今生。之前的惶恐滩是出了名的险境，人们闻之色变，经常有人在此丧命，而如今它俨然成为造福周边的水电站，对比的写作手法突出了作者对改造后的惶恐滩的赞扬之情。

赣江，是江西的母亲河，更是吉安的母亲河。从秦至清的两千多年里，赣江一直是沟通南北交通的大动脉。可以说，沿途的赣州、吉安等地都是水带来的城市，它们因水而发达。①多少年前，在铁路和公路的大规模修建和开通之前，赣江，它就是北方通往岭南的唯一航路。它是官道，也是维系着民生民情的生命道，可以说帆樯竞发、舟楫穿行的景象是名不虚传的。

然而，赣江又是一条天险之路，尤其是吉安的万

❶ 作者写出了赣江重要的地理位置，它的存在沟通了南北交通，促进了经济发展。

安至赣州这段 90 公里的航道竟有着艰难险阻十八滩。①"赣江之险天下闻,险中之险十八滩,船过十有九艘翻",此说虽然邪乎,但也说明这段河道的非同一般。

十八滩的最后一滩即惶恐滩。

我站在惶恐滩头向上看,两岸是高山绝壁,硬是把一条江挤在了怪石嶙峋的险狭之处,汹涌而来的江水无处可流,就在这一地段挤成破浪碎涛,而又由于水下暗礁林立,那水声就更显得惶恐争鸣,有诗说"赣石三百里,春流十八滩;路从青壁绝,船到半江寒"。惶恐滩是赣江上游的最后一个锁口,既然叫锁口,其险可想而知。②过了这道锁口,两岸豁然开朗,江水一决而过,像松了一口气一样,变得舒缓平阔。

因而赣江行船的人听到惶恐滩,没有不感到惶恐的,然而上行和下行又必得走这惶恐滩。"滩声嘈杂怒轰雷,顽石参差拨不开。行客尽言滩路崄,谁教君向崄中来?"那时的人们,行船到这里,就等于把脑袋别在了腰间,拼过就活了,拼不过就会葬身在这万顷波涛之中。

我在岸边遇到一位撑筏的老者,老者说,他的爷爷就是死在这惶恐滩头了,那是他亲眼所见。③爷爷和几名船工把着一条运粮船,行到水急浪高之处,那船就再也把持不住,由着水性被甩在了礁石上,船立时就翻了,人落在水里,冒了几冒,连叫的声音都没有,就再无踪影。他后来只在岸边捡到了一些船的碎片,家人把那些碎片埋在了岸边,权当是爷爷的坟墓。

老者说,这片滩头那时多有拉纤人,也有胆大的撑船人。为了挣钱,总有些胆大的人要拿着自己的性命与这艰险搏上一搏。所以很多的船只到这一带也会

❶ 作者引用诗句说明了赣江之险,丰富了文章的内容,使文章更有说服力。

❷ 作者采用拟人的修辞手法形象地写出了江水在过了惶恐滩之后的放松,显示出了惶恐滩之险。

❸ 作者插叙了一位老者爷爷的故事,写出了惶恐滩是多么的凶险。

把命运交到这些人手里。

这个惶恐滩头,水小了险恶,因为更加怪石峥嵘,撑船人受到更大的限制;水大了也惶恐,因为水流加急,礁石隐在了水底,水流不定旋转到哪里就会划散船底。

当年苏轼被贬广东惠州,而后又奉诏回京必也经了这个赣江天险。❶他在《八月七日初入赣过惶恐滩》的诗中写道:"七千里外二毛人,十八滩头一叶身。山忆喜欢劳远梦,地名惶恐泣孤臣。"多少年过去,辛弃疾路经万安县南的造口壁,也写下"郁孤台下清江(赣江)水,中间多少行人泪"。想这两位大才子也历过惶恐滩头波涛的洗礼,算得是有惊无险。

❷吉安人文天祥对这一带赣江应该是十分熟悉的。1277年,他在永丰兵败,从这里退往福建,两年后,他在广东海丰被俘,因而有诗一句"惶恐滩头说惶恐,零丁洋里叹零丁"。他被捕后,誓死不降,元兵无计,将他押解,乘船顺江而下,押至京城。文天祥绝食数日,计算好行程,决心船到家乡时魂归故里。然而船顺风而下,没有达到他的预想。假如船在这惶恐滩激流触礁,文天祥也便与这赣江组成一曲千古绝唱,不至于后来被斩首于刑场。

一阵风从上游的山口吹来,吹乱了我的头发,我猛然缓过神来,身边的老者也已撑筏远去。

❸实际上,我的眼前早已没有惶恐滩的争鸣景象,这个锁口之地,现在已变成了一座一公里长的大坝,大坝的下面就是在江西数第一的万安水电站。这个水电站1958年开始修建,经过多少周折,前些年,才形

---

❶ 作者引用苏轼的诗词再次描写了惶恐滩的凶险,可见惶恐滩是多么令人望而生畏。

❷ 文天祥的诗句使惶恐滩成为一个人们耳熟能详的地名。

❸ 作者回到现实,发现当年凶险的惶恐滩早已不见了踪影,经过后代的治理建设,惶恐滩变成了造福人民的水电站。

成了现今的样子。

我走向大坝的中间，那是一个船闸，可供上下游的船只经过，而就在这船闸的下面，就是赫赫有名的惶恐滩的最险处。脚踏其上，还真的有种异样的感觉自脚底涌起。顺着大坝向前望去，赣江在这一段已经形成了一个高高的平湖，是大坝和两岸的山峰共同抬高了水面，同昔日的十八滩真的是两个景象了。

① 正看着，叽叽喳喳来了几个女孩子，问起她们可知这个地名，她们竟然不知道惶恐滩而只知道水电站了。

走下大坝，当地的一个朋友递给我一本书，我在书里看到一幅不知出自何人之手的惶恐滩头的画，一时又让我陷入怀古之思。

归来打开博客，看到一个熟悉的网友的留言：听说我去了万安，也去看了惶恐滩头的水电站，而她就在那个水电站里上班。② 我倒想起来了，她曾经跟我说过并且留下了联系方式，我的眼前，一个女孩子天天守着这古老的赣江水，面对着惶恐滩头写诗的形象顿时鲜明起来。

❶ 岁月变换，现在的孩子已经不知道曾经赫赫有名的惶恐滩了，作者不由得感到一阵惋惜。

❷ 结尾处，作者发挥合理的想象，为文章蒙上了一层诗意，女孩的恬静与惶恐滩曾经的奔涌产生了奇妙的联系。

延伸思考

1. 作者从哪些方面来写惶恐滩的凶险的？

127

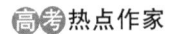

2. 文章采用了什么样的表现手法进行写作，这样写有什么作用？

3. 文章中引用了很多诗句来描写惶恐滩的险，作者为什么要这样写？

鲲鹏之树

> **名师导读**
>
> 文章所描写的老银杏树存在了四千年之久，它似鲲鹏展翅般大气磅礴，作者称它为鲲鹏之树。作者静静地观察着这棵老树以及老树的生长环境，从老树身上看到了岁月的流逝，看到了时光的变迁，亦产生了生命的感悟，这棵树早已超越它本身，成长为一种精神的象征。

一

云蒸霞蔚的浮来山，有一棵庙宇香烟供奉、雷电风涛朝拜的大树，其托高浮来山的天际线，冠荫上千平方米，人说那是煌煌四千岁的"银杏之祖"。

日光初照时，我就远远望见那片金黄的绚烂，如十万旌旗迎风。①站立其下，又感觉它像一只昂然展翅九万里的鲲鹏，你看它硕大无朋的翅膀，在快乐的朝阳下闪亮地舞动。那鹏鸟世上罕有，这老银杏也是人间少见，它立于浮来三峰之间，根系深扎灰岩之地，

❶ 作者采用比喻的修辞手法将千年银杏树比作鲲鹏，生动形象地体现了银杏树的磅礴气势和罕见稀有。

❶ 作者引用了庄子《逍遥游》中对鲲鹏的描述来描写银杏树，增强了文章的文化底蕴。

一直伸向崖下的清泉峡与卧龙泉，凸露的根脉，如虎踞龙盘，定力无限。古人早就有"十亩荫森更生寒，秦松汉柏莫论年"的感叹。①它那磅礴的气势，从浮来山上腾起，"绝云气，负青天"，朝着东方逍遥地飞翔。庄子若再生，也会重新发一番"若垂天之云"的慨叹。数万年前，海浪退却，山脉隆起。再后来，距今最近的一次冰期结束，大地回暖，新的生命随之诞生。历史见证者一般的老银杏，据说是冰川时代留下的树，因而，要以神圣的基座托起它，要以东方的第一缕晨曦映照它，要以钟鼓的梵音烘托它，还要以雄浑的史诗与思想陪伴它。

仰望这棵老银杏，它是沂蒙的映衬，是日照的地标。各种鸟飞过蓝天，到这里会猛然惊讶，或停留或绕过或再努力一把，让翅膀越过它的崇高与辽阔。

❷ 作者采用比喻的修辞手法将落叶比作鸟儿，生动形象地写出了这棵千年银杏树落叶纷飞时的宏大场景。

②伴随着金黄色的钟声，落叶像鸟儿一般纷飞。身临其境，有一种隆重的感觉，甚至宗教的感觉。落下一地的，是那巨大羽翅的倒影。

在有些人的目光中，这棵老银杏是雄性的，粗壮粗狂而放浪，而有的人目光里，它又是母性的，慈悲慈爱且安详。

许是命运的安排，以《文心雕龙》闻名于世的刘勰故居就在近旁，他曾在树下读书，在树下徜徉。他们互为知己，他吸收了树的精神，树也带有了他的气象，那是灵魂与灵魂的交融，信念与信念的碰撞。随着树的视野，他能望见重叠涛涌的境界，"神思方运，万途竞萌""登山则情满于山，观海则意溢于海"……

刘勰的思绪，或大树的思绪，或山海的思绪，亦如鲲鹏一般。

二

　　或是因了老银杏树，才有了庙宇，数十级的台阶上去，首先看到的，不是殿堂而是一棵树，就让人先有了一种神圣的威严感。①它只在下面是一柱躯干，到上面已分不出哪些是干哪些是枝，那是枝干互绕，横出旁逸，交错纵横，完全是一座层峦叠嶂的奇伟山峰。风吹过来，树浪推涌，叶片翻飞，萧萧的声响威震四方，又让人想成波涛起伏的大海。

　　它飘散的种子，落得哪里都是，有一棵自唐代长起，在上面的庭院已经长得气势非凡。还有一些在它的怀里长出，成为它的亲密的依偎。

　　仰头望着的时候，会生出某种幻觉，似乎它已不是一棵树，它老成神老成仙，老成了一座仍在生长变化的文物。拜佛的人，总是先拜树。它不光是树的老祖，也是生命的启示。从一粒种子开始，就是一个例外，它时时能听见体内山峰猎猎的脆响与天空勃勃的云涌，它怀抱着热情与自信，不断发出葱绿的叶片，岁月中始终有静好的歌声。②它活的是身体，长的是精神。没有所求，没有所取，春华秋实，风雨雷电，不以物喜，不以己悲。何时掉一枝就掉一枝，劈一块就劈一块，该长还长，该蔓还蔓。它以思者的梦幻、诗家的气质，展现着无穷的力量、蓬勃的生机。据说，它气量博大，每天都能吸纳两吨水。

　　一股云气浮来，氤氲在老银杏的四周，远看似是从它的身上腾起。老银杏是一部活的历史，有人在它的身下制陶，以号角吹出曙光初照；有人在它的身下

❶ 作者运用比喻的修辞手法将树比作奇伟山峰，生动形象地写出了它的交错纵横，表明了这棵树存在的时间之久。

❷ 作者赞扬了银杏树的生命力之顽强，几千年来无惧外界干扰，生机蓬勃地活着。

谈判，谈到最后握手言欢。它见证着古老与文明，见证着不屈与强大。纷飞的叶片一次次将无意义的争斗与掠夺掩埋。世事变幻，朝代更替，莒国、鲁国、齐国的烟尘消散，只有这棵老银杏，挺立于大地与天空之间。

①有着精神高度之士，每个人心中都有一棵大树。在莒县展览馆，我看到了斑驳如树的老人，那是制陶与抗日的后人。面对日寇的残暴，他们豪壮地挺起不屈的脊梁，被称为沂蒙之魂。大树具有地域特质，也具有普遍意义。丁肇中带着家人远涉重洋，一次次来看大树的故乡，他对他的儿子说："别忘了，你的根就在这里！"

②老银杏树，有说它是莒城的帆影，看到它就看到希望与力量；有说它是日照的灿光，见到它就见到透彻与绚烂。

老银杏树，它有时是沉默的，有时是喧哗的。它与夜融在一起的时候，夜有时也会恍惚，恍惚这是更深的夜。夜深人静时，它会发出声音，那声音似沉吟，似低吼，似长啸，又似雷霆。我说，那纯粹是它夤夜飞翔的气韵。

三

老银杏有时也上演人间喜剧，比如某场雨中，让树下一位进京赶考的后生，感兴趣地打量它，而后围着它转，一抱抱搂过，一把把拃过，最后发现另一边避雨的少妇，出现那个"七搂八拃一媳妇"的故事。

好在是一个媳妇，若是一位少女，故事或可发生

❶ 作者由银杏树联想到精神，将精神和大树联系起来，大树代表了一种不屈、顽强的精神。

❷ 这棵老银杏树是很多人的心灵寄托，它既象征了一种希望和力量，也代表着生命的真谛。

反转。①一棵让人愉快让人值得托付的大树，一个满腹文墨的少年与一位琴书俱佳的佳丽，在一场一直不停歇的雨中相遇，雨与树还有这一拃让他们有了目光与心灵的交汇。大树也许乐意使青春焕发比想象还要热烈的美好，让生命享有比生活还要真实的激情。

现在，走来一群孩子，有序地站在树下，高声朗诵："岁有其物，物有其容；情以物迁，辞以情发……"这是从小就受到大树与文心感染的孩子。②我稍后问其中的一个，可知道"勿忘在莒"？他自信地点头，并且说莒文化与齐文化鲁文化并称，说莒地陵阳河遗址出土的陶文，比甲骨文还早一千五百年。说完他跳跃着跑去，带起无数金黄的叶片。

菩萨在树下打坐，钟声再次响起。金黄的叶片还在慢镜头一般地落着，像雨，也像羽，每一片都带着安详的佛光。地上的叶子多了，翻涌着发出海涛般的声响。

它还会存在多久？没有谁知道，或许会到地老天荒。③在它的不远处，有一堆老藤，老藤将一棵老树缠死，又将另一棵老树缠死，直到自己也轰然死去，却没敢来纠缠这银杏王，只是以自己的腾挪翻卷，以自己的虬野苍狂，衬托着它，仰视着它。片片下落的叶子，闪亮一级级下山的路。

再次回首，望向那片辉煌，我不能将它看完全，就像我不能将泰山与大海看完全一样，它那豪放如鹏的庞大格局，像一首大气磅礴的诗篇，超越了整个时空。

❶ 作者发挥丰富的想象，讲述了一个少年与佳丽在雨中于树下相遇的浪漫故事，这棵树便是他们美好爱情的见证。

❷ 作者插叙了自己与一个孩子的对话，说明了银杏树与孩子们的关系，它在无形中参与了孩子的成长。

❸ 作者用一棵不断蔓延缠死其他树却不敢来缠银杏树的老藤，突出了银杏树的威严，它是这片土地上年长的老者，也是独一无二的王。

延伸思考

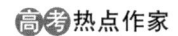

1. 通读文章，概括银杏树有哪些特点。

2. 请简要赏析"它不光是树的老祖，也是生命的启示"这句话。

3. 作者眼中的老银杏树都代表了什么？

太行大峡谷

> **名师导读**
>
> 正所谓"世之奇伟、瑰怪，非常之观，常在于险远"，作者一行人经过艰难跋涉最终到达了太行山的八泉峡，被眼前的景色深深震撼。在这篇文章中，作者根据自身所见，运用比喻、排比、引用等多种修辞手法，向读者展现了令人惊叹的八泉峡。

一

我正在去往太行山的八泉峡。

❶八泉峡却不大好见，要先体验过山车般的艰难。无数的盘绕，无数的翻卷，小猛然间一个人怀抱，把无数惊艳抱在里边。那可真是四围山峰挤压，八方云气漫卷，使得一个个来人仰起脖子，嘴里发出声音。再往前，钻洞过涧，猛然一汪深蓝！声音终于变成了惊叫。

❶ 作者详细描写了前往八泉峡时的艰难，正所谓"无限风光在险峰"，艰难跋涉换来了无数惊艳。

大大小小的惊叫,都被扔出峡谷之外。最后张开的嘴巴,哑然失声。

当碧水遇到峭崖,就成为北中国最奢华的盛宴。①我已经发生了视觉颠倒,觉得直上九十度的峡谷是一框巨大的太行之窗。水的窗帘在徐徐拉开,碧蓝的帘布上,缀着缥缈的云霞与明暗的天光。

壁立的石峰,我的惊讶一点点爬上去又掉下来。这是所有的石头的聚集,不,是所有的石头聚集后又被重新挤压,重新锻造,重新削斫。石那么宽,那么厚,发挥想象也想不出到底有多宽多厚,反正让这太行隔出来山西与山东,连带着隔出河北与河南。一山隔着的人,也都是以宽厚相交,以宽厚称颂。

水波撞向山崖,撞得八面开花,却一波复来。没有谁能阻挡住水,水有的是深沉与激情。②峡谷间,有的泉水从壁端的岩洞泻下,有的从谷底的溶洞喷出,有的自石隙间横溢,有的从树根处渗漏,最终汇成八道水,汇成六十米深的清流。清流中长出莫大的石笋,石笋一个个往上蹿,蹿成直插云霄的峡谷丛林。

望着的时候,又觉得那些水是巨石砸压出来,巨石太重,结结实实砸向大地,砸得水花四溅,砸得欢声四起。你就听吧,到处都在响着回声,你已经弄不明是水的力量还是石的力量。③这是水与石的诗篇,是石与水的奏鸣。它阐释着柔软与坚硬,表达着向远与向上。

望着的时候,就想吼一嗓上党梆子,让那粗犷与豪放在峡谷间来回撞响。

① 作者运用比喻的修辞手法将峡谷比作太行山的窗户,生动形象地写出了眼前美景。

② 作者用排比的修辞手法写出了水的各种形态,这来自各处的水融合在一起,最终汇成了一股清流。

③ 此处水的柔软与石的坚硬形成了对比,水和石交织在一起弹奏出美妙的乐章,激发出更强大的力量。

二

　　谁说这里抬头张家界，低头九寨沟，那么就弃船上岸，走走这长长的时光隧道。

　　岸上看水，竟然有虹鳟鱼在游戏，一条条地要么接龙，要么独耍，把水立体地解析出来。

　　①树在接力地往上长。一株株崖柏和红豆杉，尤其显得身手不凡。不时有连翘从崖壁上垂下，将一串串黄，递给扫来扫去的风。党参也在摇着白色的铃铛，党参因上党而名，自古这里的党参就是上品。

❶ 作者采用拟人的修辞手法描写山中的植物，生动形象地写出了它们蓬勃的生命力。

　　小小的睡莲，一个个团着身子，还在水中长睡不醒。外来的红蜻蜓，来来回回拉着直线。蓝色的蝴蝶，把蓝抖成了弧形。怎么还有苇，浅滩里跳着群舞。哪里起了蛙鸣，没有看到身影，却有一群蝌蚪，聚成墨色的莲蓬。

　　踩着八道水中的石头逆流而上，攀悬崖上高岩，过龙洞再过朱砂洞，就感觉天际越来越远，渐渐远成了一线天。峡谷在收窄，两侧峭壁就要合起来，水流被挤得急速涨高，眼看天地昏暗，无处可逃，却发现崖上一条栈道，赶忙手脚并用，攀缘上去。岩石上有凿出的脚蹬和把手，还有高处垂下的藤蔓，可做荡索摆渡。悦悦说这叫九栈道，段段惊险，要格外小心，踩稳抓牢。②真让人一忽屏气，一忽惊颤，眼看自己的影子慌乱地掉下崖去，人却还留在上边。

❷ 作者记叙了自己过九栈道时惊心动魄的场景，使读者感受到九栈道的凶险。

　　听见鸟儿的鸣叫，恰恰的音声荡来荡去，最后消逝。

　　拐上一个斜坡，激流正将一处处岩石冲成旋涡状。像是在做壶，且是流水线作业。一个个壶都是半成品，

137

多少年过去，还在细致地打磨。一道道回旋，一道道亮闪，不怕不细润。

另一处山体，是水带着石块在石凹里打转，直到将石壁磨穿钻出。钻出去的地方，水变得丝一般光滑柔曼。

①忽而一处山泉，从平整的岩石层涌出，如纱机吐出的布匹。悦悦说，这样的山泉已经过山体自净，富含多种矿物质，可以直接喝。有人立时就伸了脖子。

好容易到达八道水发源处，峡谷猛然宽阔起来，东侧绝壁露出黑龙洞的威严。

悦悦说，如果坐缆车可以一览众山。那是一个峡谷之上的世界，辽阔，奔放，沉静。放眼望去，苍翠的油松在推波助澜。云气被它们一点点推升，而后泻向一道道山谷，山谷满了，又翻上来，变成淡蓝的飘带。

②悦悦满心都是八泉峡的好，问起来还是个实习生，却因热爱成了金牌导游。一路跟着她，地上走，水中游，天上瞰，云中行，最后再乘三百米直立电梯落到地面，真个是来了一个地上天上的大回环，像亲身感受谁在泼墨挥洒，将奇峰异谷、流泉飞瀑挥洒成一幅旷世长卷。

三

亿万年前，这里还是一片海，躁动的海在翻涌，直到翻涌成今天的模样。造物主要留给中原一个神奇的屏障，以制造某些豪情与志向、感慨与诗章。公元206年，八泉峡不远的峡谷间，来了一队车马。③曹操率大军一路驰骋，到了这里却不由得慨叹："北上太行

① 作者将山泉比作纱机吐出的布匹，生动形象地写出了山泉的样子，便于读者理解。

② 一路上，导游悦悦满心欢喜地跟大家介绍山中美景，对山中情况了如指掌，反映了八泉峡的魅力以及她对八泉峡的喜爱。

③ 作者引用曹操和李白的诗句来写太行山的巍峨和惊奇，丰富了文章的内容，增强了文章的文化底蕴。

山，艰哉何巍巍。羊肠坂诘屈，车轮为之摧。"又过了多少年，经历过蜀道难的李白豪情满怀地来了，那个遗世独立、洒脱飘逸的灵魂，竟然在这里也有了苦楚："北上何所苦？北上缘太行。磴道盘且峻，巉岩凌穹苍。"

这里有人生的大书，随便翻开一页，都是一段警世恒言。

这里是太行山的腹地，是太行山的精髓。东坡有话："上党从来天下脊。"得上党即得天下，所以日本鬼子一次次觊觎，却从没有达到目的，居住在此的太行山人，用坚硬的石头做碾，做磨，做石磙，做成世世不灭的生活，也做成生生不息的性格。早在1938年，八道水发源处就建立了兵工厂，老百姓支前、参军当模范，太行山上，始终昂扬着民族气概。

秋天还没来，有些树已经红了，一片片地渲染了这个初夏。①从高处看到，麦浪正在山的那边泛黄，如若将画幅再放大一些，就成了八泉峡的另一种风光。

②我想，八泉峡是八扇屏，屏蔽之间，有幽之意味，画之妙境；八泉峡是八卦阵，沉入其中，如入迷宫；八泉峡是八面鼓，沉郁紧凑，激越浑厚；八泉峡更是上党人的八段锦，左右鸣天鼓，二十四度闻。微撼撼天柱，赤龙搅水浑。

没有谁能一下子消化这些深沉，这些荡漾。这里没有杂质，只有纯净，这里没有污浊，只有透明。真的，梨花月，烟花雨，寸断柔情泪，不如来这太行大峡谷走一回。

黄昏降临，夕阳以它庄严的表情，将这片山水做成一道黄金如意。

车子慢慢下山，仍旧是迂回盘旋无限深远，仿佛

❶ 作者转换视角，将目光望向山的另一边，麦子在悄然生长，目光所及之处都能被算进太行山的风景。

❷ 作者用排比的修辞手法写出了八泉峡的美景，作者经过游历得出了自己的感悟，看到了不一样的八泉峡。

❶ 有些事情，我们只经历一次便可记一辈子，文章结尾抒情，表达了作者对八泉峡的喜爱。

离开了一个虚晃的幻境。

谁在唱歌子："最好不相见，便可不相恋，最好不相知，便可不相思……"

①哦，八泉峡，此次一遇，将永生难忘。

延伸思考

1. 这篇文章是按什么顺序进行写作的？请简要分析。

2. 请简要赏析"大大小小的惊叫，都被扔出峡谷之外。最后张开的嘴巴，哑然失声"。

3. 在参观八泉峡的过程中，作者的心情发生了哪些变化？

洞头望海楼

名师导读

提到中国古代的楼阁，人们或许会想到湖南的岳阳楼，又或者会想到江西的滕王阁，但很少会有人想到浙江洞头的望海楼，这篇文章中作者以洞头望海楼为对象，详细描写了洞头望海楼的美景以及它所蕴含的文化内涵。

①人说福如东海寿比南山，东海和南山都是那么让人景仰，而我现在就在东海的望海楼上感受着幸福。海的声音传来，灌得满楼都是。清爽潮湿的风猎猎入怀，那是海送来的问候。越上得高，越觉出这种亲切。我的心放飞了一群鸽子，那鸽子翩然成千万朵浪花。

②大海正在迎娶朝阳，朝阳的目光吻遍望海楼每一个细节。风飘起朴旧的长衫，颜延之的雕像，露着一抹笑意。一千五百年前，永嘉郡守颜延之一来洞头就被美景陶醉，随即在岛上筑楼，以望东海。他曾在岳阳楼观洞庭湖水，并为之写下第一首名诗，建望海

❶ 在文章开头，作者用人们耳熟能详的谚语引出下文，丰富了文章的内容，帮助读者快速进入到文章中。

❷ 作者采用拟人的修辞手法，将海上日出描写成大海迎娶朝阳，整个画面被描写得浪漫且具有诗意。

高考热点作家

❶ 岳阳楼和滕王阁都是中国古代的名楼,在作者的眼中望海楼也是一样,是古人留给今人的宝贵文化遗产。

❷ 作者将望海楼和大雁塔、黄鹤楼进行类比,写出了望海楼的根基是天然造化,它的诞生似乎是情理之中的。

❸ 作者运用比喻的修辞手法将大海的颜色生动形象地描写了出来,充满画面感。

楼是将岳阳楼的文化元素综合并延展。过后四百年,岁月里走失的望海楼,已成温州刺史张又新心中的"一望",这一望望进了《全唐诗》。至清代,望海楼还在引着诗人"天风振袂上危亭"的畅想。①由此我感慨那些重修者,他们是将自己的胸怀修了进去,因而才会有《岳阳楼记》,有《滕王阁序》。望海楼,既是今天生活的福祉,也是留给后代的遗产。

楼在古代不仅是一个地理制高点,更是文化制高点,成为畅叙抒怀的审美特指。这些楼多在江边湖畔,视野或有一定局限,而若站在瓯越锦绣百岛俱现,天海宏观一楼独览的望海楼,襟怀当更为恢廓。

②筑楼与造塔的意义一样,都是为了某种寄托与信仰,所建却有一个根基,比如大雁塔于西安,黄鹤楼于长江,根基就是厚重的文化历史,那么望海楼的根基呢?该是博大的天然造化。中国幅员辽阔,真正意义上的名楼并不多,真正意义上的望海楼更是独此一座。难怪有人说"气吞吴越三千里,名贯东南第一楼"。我借古人的话语就是:"望海楼有天下诸楼之美,天下诸楼不能尽望海楼之奇,故登望海楼不登天下诸楼可也,登天下诸楼不登望海楼憾也。"

我喜欢大海,所以我喜欢望海楼。海是如此的浩大,一直扩展到无际的天穹,这样的海与天,才真的是海阔天空。没有风浪的时候,海面平静得像一块玻璃,一只鸟在上面滑,从这边瞬间滑到很远。③有时海蓝得像一湾油漆,随便一泼,都把洞头泼得鲜艳无比。海有时像我中原的沃土,片片鳞块,凝聚着无以言说的力量。有时惊涛裂岸,浊浪排空,让人想起"角声满天秋色里""五十弦翻塞外声"的浩瀚疆场。风云漫卷，时光变幻，英雄淘尽，沉舟新帆，海是多么深奥的大书！每一个来看海的人，都会有不同感受。一个阅尽江河的人来到洞头，登上望海楼竟然哭了，对着容千江万河的海喃喃着。在他那里，也许觉得过去都是白活了。①一位西部的朋友，年轻时曾对生活失望，来大海了却一生，一见到海就呆住了，海让他对生命有了新的认识。在大海面前，个人喜忧得失是那么的微不足道。登楼望海，会望出一片敞亮，只带走海的深沉与宽广。

　　一群帆在景象里划过，洞头民俗专家邱先生说，那是开渔节后的出海。帆将海剪开又缝上，海鸟像撒出的鲜花，和云彩一同填满天空。邱先生说，等渔讯结束，还会举行盛大的迎头鬃仪式。望海楼里有丰富的民俗风情展示，走进去就像走进海洋生活的会客厅。一座楼不仅承载了历史重量，也盛载了文化内涵。

　　大大小小的岛在云霞间时明时暗，光线掠过龟岩峰、大石滩、仙叠岩、半屏山，洞头百岛像大海呈献的项链，链坠就是富丽堂皇的望海楼。②渔民说，远远的船上，看到望海楼就像看到灯塔，感到一阵温暖。是啊，望海楼已成为游子心灵的归宿。

　　风推着时间远去，海迎来又一次日落。落日浑圆，似在释放着一种能量，将波浪一层层镀成殷红。另一边，一轮圆月正在上升，圆月周围，云团如淡蓝的缎带，直接到海上。海的澎湃，让太阳与月亮的交接热烈隆重。只有在望海楼才能看到这种壮观。

　　目光迷离，远处一片苍茫，我的思想在上面生长，

❶ 作者以一个没有看过海的西部朋友的故事描写了大海的广阔与震撼，在大海面前人是那么渺小。

❷ 望海楼存在多年，如今它已成为人们心中不可缺少的存在，望海楼存在的意义已经超越了风景本身。

能望到台湾的半屏山吗？台湾那里来了位矍铄老者，四下里走，不停地看，兴奋而惊喜地念叨"洞天福地，从此开头"。他是站在望海楼上说的吗？

① 回首再看望海楼，就像一座佛，沉稳，端肃，云烟缭绕，将佛境一点点化开，整个地氤氲在了洞头上方。

❶ 作者将望海楼比喻成一座佛，显示出人们对望海楼的追崇以及它存在的重要意义。

延伸思考

1. 文章名为"洞头望海楼"，为何会着重描写"望海"？这样叙述有何作用？

2. 联系上下文，赏析"帆将海剪开又缝上，海鸟像撒出的鲜花，和云彩一同填满天空"一句的表达效果。

3. 文章中表达了作者对这片土地怎样的思想情感？

第四辑 明湖春柳

柳喜水,所以济南多柳。"家家泉水,户户垂杨"是当年历下古城的风姿。柳也就成为济南的市树。市树在大明湖最鲜明,堤柳夹岸,就像明眸上面一圈茸茸的睫毛。济南人爱说"四面荷花三面柳,一城山色半城湖"。山是千佛山,一山的佛陀。

作家带你练

【2018年上海市春季高考语文试卷】

阅读下文,完成下列各题。(15分)

荔江之浦

一

①拉开窗帘的时候,竟然看到了一幅画。一江碧水蜿蜒过眼,水之上是跌宕起伏的山,那山一直到目力不及才稍显收敛。那些硬朗的、柔美的起伏充满了神奇的魅力,由其体现出来的情致与动感又让人不无美妙的遐想。

②偶尔,云层里射出的光打在水上,水就特别明润,山则隐晦迷蒙。天光温和的时候,山与水的颜色惊人地相似,似是一江颜料刷在山上,新鲜得还在淌水,这样的山水连在一起,就是非同于他处的桂林荔浦了。

③想来住在江边的人,一定家家有个大飘窗,时时刻刻让这无限江山飘进来。每天早晨都像是仪式,缓慢而隆重地拉开一天的序幕。

二

④总觉得这地方最盛产水，到处水润润的，山上有水，江里有水，田里还是水，水绕着村绕着城地流，生出水润润的植物，生出水润润的人，人出口一说话，也带着水腔。

⑤在荔浦走着看着，空气中还会有刘三姐样的歌声，那是文场和彩调，随便哪个街头巷尾，几个人那么一凑，锣鼓弦子响起来，柔润的嗓子就亮起来。怪不得，这地方是曲艺歌舞之乡呢。逢节日，山水边就热闹成海。

⑥荔草，究竟是一种什么样的草，会让一条江葳蕤荡漾，最后荡漾成自己的名字？水中划船，水随山转，那么多的弯，又那么多的漩。水有时像上了一层荧绿的釉，有时又如一面深蓝的绸。

⑦船行中，你会看到有人在洗浴，有人在江边烧纸祭奠，有人穿着婚纱在照相。总归是，荔浦人的祈愿和祝福离不开这一江水。

⑧这个时候，两岸涌来一片黄金，初以为花，却是砂糖橘。还有马蹄秧子，也是一波波的粉黄，马蹄踏过一般。

⑨荔浦由很多样的细节构成。有些细节，甚至做得比桂林还好，比如银子岩，会唤起你一声惊叹；比如丰鱼岩，一洞鱼水穿越九座山峰，是为洞中之冠。其实荔浦人还是会偷偷笑，你去鹅翎寺了吗？层层信仰嵌在山崖上。你看荔江湾了吗？从江上划船进入，上岸再由洞里出来，江山美景可有这样的结合？荔浦再垫底的山也是桂林山水系列，可人家会说，咱这是荔浦山水，底气硬朗着呢。

⑩如此的美景会被人瞄上的。最早是一拨逃难来的，一到这里便扎进水边的山洞不走繁衍成村庄。后来还有土匪，还有日寇，都流过口水，但最终都没留下来，这片山水不喜欢他们。

⑪顺脚走进一个村子，村子叫青云村，依着的山叫龙头山。不用多说，你就想住在这里有多美气，起伏的山下，扶桑、紫罗、百香果到处都是。老者在田里不紧不慢地忙，一个女孩担着马蹄沿田埂走。

147

⑫荔江与漓江、桂江、西江相通，交通便利，往来客商就多。走入一条很老的巷子，磨光的石板、镇水的古塔、宏阔的会馆和斑驳的城门，让人想象曾经的繁闹。传下来的是豪爽耿直的性情，你来了，做芋头扣肉芋头焖鱼各种芋头宴待你，陪你大碗喝酒，还给你呀呵呵地唱彩调，荔浦人吃，芋头是一绝，荔浦人棉线切片的吃法你学不会，芋头的美味却一直忘不掉。这里的山水养人，芋头也养人，养得人精干豪壮，细腻明丽。

三

⑬天空积蓄着黄昏，像谁在絮被子，一层层絮厚了，铺排开来，所有的一切都盖在了被子下面。那些山以为将夕照挡住了，没承想夕照还是投入到江里。江不仅把夕照全部接收，还把那些山也揽进了怀中。这样，上面啥样，水里也啥样，完全是一个原型复本，直到夜来，将那复本折叠在一起。

⑭雨敲了一夜的窗，早晨开帘一看，江边竟然飘浮了一层伞花，红的、黄的、蓝的，那是沿江晨练的人的。没有什么能阻止人们对这条江的热爱。

⑮离去的时候，荔浦已让你眼里、心里、口袋里都装得满满的，够你消受很长时光。

⑯而后，荔浦人会说，想着啊，还来呀，别忘了我在这儿等你。

1. 分析第①段画线句在文中的作用。（3分）

2. 赏析第④段使用"水"这一意象的表达效果。（4分）

3. 第⑧段画线句中的"涌"字很有表现力，请加以赏析。（4分）

4. 本文展现了荔浦人的生活、情志与荔浦的景、物的密切关系，请加以分析。（4分）

名师带你读

留一个夜晚，给婺江

名师导读

作者在一个夏日的夜晚乘船游历婺江，以自己的所见所想串联起整篇文章。作者从婺江写到婺城，从婺城写到八咏楼，从八咏楼写到李清照，再写到婺城的人，跟随作者的脚步，读者仿佛感受到了婺江的夜晚：朗月晴空，静谧怡然。

一

船已进入婺江的怀抱。

婺江是有温度的，夕阳刚才还将自己的余热涂在江面上，让江绚烂成一道金钗。在过去，这是一条黄金水道，婺城就是一点点被水道拉扯大，直到如此丰满成熟的形象。

① 夏日的夜空格外透亮，星星掉落在水中，水有

❶ 作者采用拟人的修辞手法将水和船写活了，婺江上的一切仿佛都是有生命的，这样写十分生动有趣。

150

些慌乱，船被这慌乱挤得一阵歪斜。不断有鸟鸣，将长空划出一道道万紫千红。

很难想到，一个地名会天水相应。婺城的正上方，不定什么时候，会看到婺女星在闪。这便是婺城的由来。也会把婺江想成女性的江，你看这个"婺"，怎不是个文武兼修的女神？

① 都说一江春水向东流，女神却随太阳从东向西游动，耍够了，才化入富春江的"山居图"中。

微风漫起，缭乱这南方柔软的丝绸，丝绸缀满两岸的豪华与古朴。或可也是游子隐秘的乡愁。

在哪个拐弯处，猛然会有鱼儿出水，弄出些响动，之后便又复归平静。

有一种香气，说不清是桂花还是茶花香，裹在夜的衾囊中，不时含蓄地洒出一点。

❶ 此处作者由婺江的"婺"字展开联想，将她想象成女神，又由女神联想到《富春山居图》，丰富了文章的内容。

二

在这条水上，自然要仰望婺城，很多的城都毁弃了，这里还有难得的一段，就像一段凝固的婺江。

吕祖谦的雕像对着江水，金华学派之祖似还在回味。② 婺学的精髓，串起婺窑、婺剧、婺派名菜、婺派古建的明珠，婺江一般深邃辽阔、迂缓激荡。

文化的滋养需要时间。你看八咏楼，多少风烟在其上覆过，多少诗章在其间翻过，已俨然挺过1500年的沧桑。

岁月飘过1134年的秋天，50岁的李清照，素衣素颜，一路颠沛流离而来，在八咏楼附近一所民居栖身。那时的婺江，同李清照的心境相照，她必常常来在江边，向西流动的江水，更应了她心中的苦意。

❷ 婺江所在的土地，也有着深厚的文化，作者列举了一系列事物来说明婺学文化的繁荣。

❶ 作者引用了著名词人李清照的诗进一步多角度地介绍婺江，诗句的引用使文章的内容更加丰富。

❷ 在这个豪雨留人的天气，作者暂时融入了婺城之中，同婺城人一起品味岁月，感悟时光。

❸ 作者采用拟人的修辞说法，将夜拟人化，形象地写出了夜晚的到来，与船上人的兴奋形成对比。

❹ 作者介绍了婺江的婺剧，这是和金华火腿一样属于婺江的特色，是婺江人的共同记忆。

婺城感慨这次相会，李清照的到来，让婺江多少年都波翻浪涌。①她登上八咏楼，凭栏眺望漫漫江水，随手写下了那首咏楼诗，虽然诗中不乏忧叹，但末句"水通南国三千里，气压江城十四州"，仍显现出女词人的气韵与才情。

我曾踏着青石小路，穿过保宁门，走入金华府的旧街老巷，也走进了高高的八咏楼，从那里望去，依然能望到婺城的一派文化气象。②沿着石板小街，进入一家书院，豪雨留人，茶也留人，那就坐下，品着婺城老茶，守着天井垂下的雨帘，感觉融入了古色古香的旧时光。

远处是万佛塔吧，正烛火一般闪亮。婺城的人说，那是三国时孙权为母亲庆生时所建。孙母好四处出游，烧香求祈，她走遍了吴越大地，唯喜婺城山水。

船在水中游荡，思绪也在游荡。有了这样一些斑驳的册页，婺城更像想象中的婺城。

③夜已经有些困乏，船上的人仍过节般兴奋，前面还有片片农田，以及农田旁边的村庄。李英说："春天你们来才好，两岸开满了黄黄的油菜花。"哦，那又是另一番景象！现在那些田野、竹篱、竹篱上的藤蔓，还有老井、老井旁的水车，还有防火墙、墙头的黛瓦，都沉入了夜。雕花的牌坊却在村头迎受霜露。那些霜露渗入花蕾，有些花等着开放。

在更老的寺平村，是以七星伴月来规划的，明代的月，七百年前就伴随了水边的生活。现在，夜在条条窄巷里留了一道暗光，给那些石板或石板上偶尔的脚步。

④远方隐约传来抑扬的声调，谁说那是婺剧，在整个婺江区域，人们像喜欢金华火腿一样喜欢着这种声

腔。我专门在婺剧院看过，真的是一种绝好享受，这中华独有的剧种，那般勾魂摄魄。李英说，几乎每个村子都有婺剧班子，经常会在晚间演唱。

声音渐渐顺着水波响亮起来，这就知道，有些村子还没有入睡。

婺江的周边，会有一些美妙的地名，苏孟、安地、梅溪、莹石，听了都会起联想。婺江够不到的地方，便分派些白沙、梅溪等的支流去。

岩头村安详地坐在梅溪旁。白天来的时候，芦荻拭浪，飞鸟经天，户户面山枕水，老树相依。一座从唐朝走来的灵岩禅寺，被传唱于婺剧传奇中。

❶进入一户人家，竟然围一圈秀雅女子，素花蓝衣，飞针走线，缝制着一个个可人的香包。看见了，顺手丢一个过来，人人乐得别在腰间。

坐在溪旁的还有灵岩书院，德高望重的厅堂中，正有一架架的书和桂花酒、清凉糕、金华酥饼等着你。

江边出现了沉蒙的一片，比夜色还要浓重，近了看出是些高大林木。白天在浓郁的绿色中，总见更大的一团擎高了天空，其中就有婺窑小镇的千年古樟。

多少年前，婺江在雅畈镇流过，汉灶村的土地上还有温度和记忆，拨开时间的迷雾，能见到窑火点点。古河道两边，六百多处婺窑遗址，层层叠叠满是瓷的声音。随手能捡到釉彩的瓷片，有一种乳浊釉，深蓝似江水。婺瓷还在烧制，在陈新华等人的手下，泥坯正把婺窑的新奇呈现。

远处，更加沉蒙浑厚的墨色，是琅峰山、九峰山和金华山，它们是婺江姿态的衬托者，也是婺江水韵的供养者。

❶ 作者运用动作描写介绍了婺城人的生活，单单从作者的描述中就能感受到婺城人的幸福指数有多高。

水在船的左右，借着夜光，能看到推推涌涌的起伏，稻浪一般起伏成一片丰响。这时又想起一个人，山水画一代宗师，他一定见识过这种起伏。真的，在黄宾虹的画中，轻易会找到故乡的水声。

三

船掉转回来，现代版的婺城在水中荡漾，渐渐荡漾出无尽繁华。

①前面是八咏桥了，各种灯光将桥身闪烁成一弯虹影，虹影入水，水也变得绚丽。江岸两边，人影攒动，夜游散步的群体，在八咏桥上交汇成快乐的流光。

②能够感到，婺江的夜晚是属于婺城的，婺城拥有了一条江，便多了一项幸福指数。

船还在前行。

婺江不可速读，一壶茶伴着夜色，一点点地去品味。其实，茶尽兴的时候，婺江还是没有尽兴。

❶ 作者描绘了八咏桥上的场景，绚丽的虹影和快乐的流光都在昭示着婺城人的幸福生活。

❷ 对于婺城人来说，婺江有着特殊的意义，他们从小在这里长大，早已将它看作亲人般的存在，有婺江在，他们倍感幸福。

延伸思考

1. 通读全文，概括作者是从哪几个方面写婺江的。

2. 文章中提到李清照到来的故事有什么作用？

3. 从作者的描述中你感觉婺城人的生活是怎样的？

梅雨潭

名师导读

世间的一些事情讲究缘分，就像梅雨潭，有的人可能觉得不值得为区区一潭水如此跋涉，因此也就发现不了它的美，而喜欢它的人无论如何都是要去的，就像作者，文章字里行间透露出作者对梅雨潭的喜欢，那一抹透亮的绿色，那静静的等待，都在吸引着人们前去。

一

一个"绿"字，在课堂上滋润了一代代人。每个读过的孩子，都会被那绿迷住，想那绿在何处。我曾长久地向往着梅雨潭，直到朱自清来过的96年后，我才找到她，她原来就在浙江的温州，在楠溪江边。

我是在一个秋天走来的，那天是9月30日，恰与朱先生为同一天，只不过他是在1923年。①近一个世纪了，梅雨潭还在这里等着，她不曾改变丝毫模样，

❶ 作者采用拟人的修辞手法将梅雨潭拟人化成一位女子，形象地写出了梅雨潭的景色依旧，时间并未改变她分毫。

高考热点作家

仍秀腰及发,碧眼晶明,周身一片葱茏。不,那姿色,或比之前更不一般。起先并不清楚主人要带我们去哪里,行程表是没有顾上看的,反正到了温州,每天都有好去处。①却不想进了一个地方,直直地往前走,到了静雅的圣寿禅寺,那般深的一座院落,那般雄伟的一座塔,也不进入,却在门前稍稍讲说了几句,无非历史久远,慧光朗照,就那么错过了。再往前,又一处景点,也是寥寥数语。如此过去不知几多可观,还是匆匆往前,往前,前面有什么,难道去晚就等不及?队伍拉长了,领头的顾前顾不了后。

终于看到一块牌子,上面赫然三个大字:梅雨潭。哦,那个久藏在心底的绿!最好的,真就在不经意的时候出现。

箭头标示还有200米,却已觉近在咫尺,三步并作两步急迫而行。沿着山势,左弯右绕,高高的石阶攀上去,窄窄的山隙挤过来。几次脚下打滑,歪了身子。出现了岔路口,两个岔路都有人,只管跟定前面的步履。

最后跟进一个洞里,洞里黑黑的,进去的又转出来,不知道再怎么走。②后边进来个明白人,告诉说这洞有三个通道,一个顺高处的裂缝爬上去,可以到达山顶,一个是直通深潭的暗道,两个都黑不见光。大家愕然。然后说还有右边的一个,可明着走到终点。

原来石壁后面,藏着另一个暗洞,猫腰钻过去,又是急弯下坡,石面光滑,接着再拐上去。这个时候听到了声音,声音好奇特,不是哗哗啦啦,也不是窸窸窣窣,但动听而诱人。

转过来,上去一个高台,如何一池碧绿就在了眼前!真的是绿得深沉,绿得纯粹。嘿,这怎么能是水,

❶ 作者通过写圣寿禅寺这种历史久远的寺庙也被忽略,来突出梅雨潭的独特,为下文梅雨潭的出现做铺垫。

❷ 通往梅雨潭的路极其隐秘,若非有熟人带路,它的美是不能轻易被发现的,作者此处写出了梅雨潭的隐秘。

这简直就是一汪煮化了的翡翠玉涟。

① 一圈人围着，看着，都噤了声，说什么呢？什么也说不出来，那就同梅雨潭静静地待在一起，化在一起。所有的关于绿的知识，绿的意识，都在一潭水中。

看呆了时想，若挥起一把刷子，蘸了这绿，满世界刷去，满世界都会是这梅雨潭的颜色了。

❶ 此处作者通过描写众人的反应来突出梅雨潭的美，大家被眼前的一抹绿深深震撼，没有语言能言说她的美。

二

女人们喜欢这绿翡翠，想够又够不着，就到潭的下游去，在石沟里动手。她们捞了这水，抹抹搓搓的，不知道如何爱惜，有的，干脆把一双足也下到了溪中。这个时候才有了说笑，那笑都带了水。回过神来往上走，看到石穹门，那是一幅画框，将潭框进了千古的美谈。又看到梅雨亭，这座明代建筑，八方透风，传来的都是梅雨潭的话语。

② 为什么叫梅雨潭？带有梅的雨落成的潭？"常若梅天细雨，故名梅雨潭。"是清代潘耒的解，"溅着的水花，晶莹而多芒，远望去，像一朵朵小小的白梅，微雨似的纷纷落着"是朱自清的释。你若看了通元洞那里刻的"四时梅雨"，你就明白，这梅雨潭，全然是诗的化身。

❷ 此处作者引用散文和诗句对梅雨潭名字的由来进行猜想，丰富了文章的内容，增强了文章的文化底蕴。

不知道晚上来的感觉，如果一个人，会有畏葸的，怀有神秘的、心仪的、敬畏的畏葸。渐渐地，眼前虚幻起来，落下来的水成了慢镜头，它落在潭里，一滴，又一滴，凉凉的，直落到心里去。镜头上摇，层层叠叠的石崖上，瀑水溅花，溅成了岚烟雾霭，带有一股清香，氤氲升腾。

高考热点作家

　　看那瀑布，那是形成梅雨潭的源流，刚才怎么就忽视了？只随了朱自清，惊诧于梅雨潭的绿了。这水是从哪里流下？流了这许多年？有人说，仙岩在温瑞平原拔地峭立，山间水量十分充裕。充裕的水激越跳荡，在顶上汇成一个小湖，湖水流到断崖，就跌落下来。①哦，真想去上边看一看，在高处，或能看到湖潭的两心相照。无奈绝壁悬崖，暗洞又不敢钻，那就留一个念想吧。

❶ 有时候，遗憾也是一种美，作者想要找寻梅雨潭的源头，却又碍于现实难以到达，也许有一天会有机会去，也许她永远留在了作者的想象中。

三

　　刚才路过圣寿禅寺，见朱熹写的"开天气象"，挂在寺的大门上，现在想来，他是为梅雨潭写的。而寺门一侧的"天河直下虎溪湾，飞瀑映照梅雨潭"，不也是为这潭题的吗？②一座寺院，反成潭水的陪衬，见出梅雨潭的气象。这就让人感到，梅雨潭旁出现一座寺院，是正好呢，既让潭水有了禅意，又使佛坛蕴了灵气。那样，上了香再去洗心，堪为一种极致。崖壁上，由于水的冲刷与渗透，竟然出现了多种玛瑙色斑纹，在绿的映照下如一幅壁画，其实那泉瀑已经是一幅挂图，何况还有那么多树，那么多花，那么多草，透过去看，就出现了3D效果。跟我一起的是水敖、兆林、小蕙，我说："你们的名字里怎么都有这潭的意象？"

　　那滴滴瀑水一定在这潭里化成了仙，他们沉淀成了另一种物质，然后敲击着钟磬迸溢而出，往下流，就流入了楠溪江，而后归入大海。

　　有人说，那么长的步道，那么多的台阶，盘盘绕绕，上上下下，就是为了一眼潭啊。而潭在那里守着，

❷ 冥冥之中一切都是最好的安排，梅雨潭和寺庙相互成就，两者缺了谁，可能都缺少了一分韵味。

多么清净与孤寂。①是的，这才是她的修为，汲楠溪江之灵秀，得雁荡山之气韵，青碧而柔润，深邃而透彻。喜欢她的人，必定是要来的，不辞辛劳地来，不顾远近地来。在温州执教不到一年的朱自清，就先后来了三次。在散文家的感觉里，就像见一个人，什么时候想了，就来了。世事沧桑多少年，梅雨潭，依然在那里，等着，守着。

❶ 梅雨潭就在那里静静地等候着有缘人，喜欢她的人定会跨越千难万险来见她，她的美是为有缘人而绽放的。

延伸思考

1. 简要概括作者眼中的梅雨潭是什么样子的。

2. 文章中多次提到朱自清，作者为什么要这样写？

3. 文章的语言具有什么特色？请简要分析。

明湖春柳

名师导读

济南以泉水而著称,泉水汇集成了大明湖,而大明湖又滋养了岸边的棵棵垂柳,作者从济南的泉水写到济南的名士,运用多种修辞手法向读者介绍了这座充满魅力、文化底蕴深厚的城市。

济南多泉,济南人就像生活在泉上,随便哪里挖一下,就会冒出一股水来。此话不夸张,看看老府志,都能看到这样的记载。泉多出水,水聚成湖,最有名的湖是大明湖。清冽的泉水汇流在一起,水的明,天的明,明前一个"大",可谓到了极点。还没见湖,眼前就一片浩渺澄碧的景象了。

何况还有围湖一圈柳呢!柳喜水,所以济南多柳。"家家泉水,户户垂杨"是当年历下古城的风姿。柳也就成为济南的市树。市树在大明湖最鲜明,堤柳夹岸,就像明眸上面一圈茸茸的睫毛。① 济南人爱说"四面荷花三面柳,一城山色半城湖"。山是千佛山,一山

❶ 作者引用诗句说明了济南的特色,引出了济南一山一湖两大风景,丰富了文章内容。

的佛陀。远远地成了湖的映衬。湖与山本就是相合相伴的两物，造物主又那般巧妙地将"大明"和"千佛"安排在了济南，济南有福。

①早上来时，大明湖一片迷蒙，雾气像缭乱的炊烟，人说那就是春气。深吸一口，那气息瞬间就把肺叶淘洗一遍，清爽得想喊。还真有人喊，只一嗓子，就将大明湖的早晨喊开了。水升腾着烟，烟袅绕着柳，柳撩拨着水。弄不明那色彩到底是青灰、淡蓝还是浅绿。阳光从云层里放射出来，将云雾穿出一个洞，而后又穿出一个洞。雾气弥散，阳光照在柳上，柳瞬间成了闪电，展现出不同的形势。

②在这样的环境里走，会觉得有时这棵柳揽了那棵柳在耳语，一忽笑得腰弯了几弯，逗引得其他柳也跟着笑。但你听不见她们的笑，那些笑落进水里，被鱼儿啄走了。

有时你正走着，被谁轻抚了一下肩膀，是那种秀手的感觉。生疏地方，哪里来的艳遇？却是柳。待你回头，它身子一扭又跑了。由此给你带来一种他乡遇故知的感觉。柳，自古以来就是有性情的。要不也不会有那么多人将它缠绵于诗，缱绻于文，将它当作感情的化身。

我一直以为柳是一位弱女子，却不知它能坚持到季节的最后阶段。真的，待其他树上的叶子落完之后，你再去看柳，远远的，柳还是散着一头浓密的长发，在那里迎风，任雪花飘舞。雪反倒像柳绵，我闻到了洋溢着的清气。

一个女孩在前面走，长发同柳融在一起，渐渐地，已闹不清发丝柳丝。或许也是这样的春天，另一个小女孩从柳絮泉走来，沿着熟悉的小路一直向前。湖畔

❶ 作者将早起大明湖面的雾气比作炊烟，生动形象地写出了湖上景色，也说明了济南的环境很好。

❷ 作者采用拟人的修辞手法写出了杨柳的姿态，这些柳树仿佛一个个青春期的姑娘，在开着只有她们才懂得的玩笑。

❶ 作者采用虚实结合的表现手法，想象李清照在大明湖畔的生活，为读者提供了广阔的想象空间。

❷ 大明湖不光滋润了李清照，还滋润了辛弃疾，一个豪放，一个婉约，两种不同风格的词人都得到了同一个湖的滋润。

的柳丝正拂出如花的絮，她轻轻踩过，把眼光放开，这时她看到了大明湖的全景。①这小女孩就是扫眉才子李清照。清照的童年在这里度过，所以她会经常走到湖边来，明湖春柳，影响了她的性情和诗风。

在她的身后走来的还有一个人，那就是情怀激烈的辛弃疾。他出生时，中原已为金兵所占，因而他眼中的湖光山色另有不同，心中翻涌着两种波澜，一种是对大好风光的赞叹，一种是对失去山河的悲愤。所以他有"斜阳正在，烟柳断肠处"的词句。辛弃疾终在二十一岁召起两千人仗剑举义。②两个著名的词人，竟然都得到了大明湖的滋润。

湖边的小路被柳扭得弯弯曲曲，柳叶一撇一捺地书写着清明。隐约中看到了铁公祠，那是纪念与济南城共存亡的铁铉的，也体现了大明湖的胸襟和情义。

一只鸥鸟在水面划，像快要掉落的风筝。一忽又飞起来了。我一整天都在大明湖徜徉，一会儿坐船，一会儿上到岸上。柳的颜色已不是早起来时的颜色，她像换装一样，一忽葱黄一忽红绿，上边缀了些湖光云影、朝霞晚艳，或者还有熙熙攘攘的樱花。那种美景已存在多年，但似乎是给我预备的，等我来慢慢消受。

时光又似倒流回去。这年夏天，历山脚下来了一位客人，李北海自然要在风景如画的海右亭宴客。这位客人不一般，于是就有了"海右此亭古，济南名士多"的诗句。宴饮必有好酒，诗中也就带了酒，酒飘散在柳上，现在还有那种酒香。

当然，这里不仅是杜甫来过，李白、苏轼、曾巩都领略过她的秀美，而且曾巩还做过济南的知州。出于对大明湖的喜爱，他亦如苏轼对待西湖，亲自改造过大明湖。①还有元好问，来了就不想走了："羡煞济南山水好，有心常做济南人。"既然杜甫说过了济南名士多的话，真就有许多名人在这里生长，在这里留下。不沾什么边的，也要来走一走，到历下亭坐一坐。你看，乾隆饶有兴致地题写了"历下亭"的牌匾，刘鹗呢，留下了一篇不错的《老残游记》，郭沫若来得算是较晚的了，他有一副对联挂在亭廊上：杨柳春风万方乐极，芙蕖秋月一片大明。

②树在天上画着素描，暗红色的光晕了一圈淡紫。风一吹，画布动起来。天渐渐晚了，湖水泛着暧昧的光。偶尔一条鱼蹿上来，那光瞬间化成了一圈圈的涟漪。

③沿着湖快走出去的时候，一排柳歪着扭着地浸在水里，像是一群撩起裙裾、仍在梳洗的少女。真的就有了叽叽咯咯的笑，哪棵树下传来，倒是看不大清楚了。

❶ 济南这座城市曾养育了众多名士，也吸引了众多名士，元好问就是其中之一，作者通过引用元好问的诗来展现济南的魅力。

❷ 作者将天比作画布，将树比作画笔，生动地写出了傍晚时分大明湖的美丽景色。

❸ 文章结尾处作者再次提到柳，将柳比喻成梳妆的少女，生动形象地写出了柳的姿态。

延伸思考

1. 文章开头，作者为什么先写泉水？请简要分析。

2. 大明湖的柳树具有哪些特点？请简要概括。

3. 文章中提到了与大明湖有关的很多名人事迹，这样写有什么作用？

陕州地坑院

> **名师导读**
>
> 地坑院是陕州人在仰韶文化的影响下慢慢发展形成的奇观，很多历史名人都曾到过或经过这里，它在角落里默默地存在着，充分地保留了历史的痕迹。这篇文章中，作者从地坑院的历史开始写起，展现了地坑院现在的生活，也对其未来的发展表现出深深的担忧。

一

❶ 你知道"陕"是哪里吗？你一定会说，陕西，陕西的简称就是陕。其实，陕在河南的三门峡，古时称为陕州，陕以西才为陕西。那么，这个夹耳的陕，就让人有了诸多兴趣。造物主随性造的这一块陕地，险崛而奇特。黄河以南只有两条狭路可通东西，并汇于函谷关。从洛阳伸出的丝绸古道，至今仍留有一段车辙深深的痕迹，人称崤函古道。古道一直没入崤山

❶ 作者在文章开篇提出一个问题，引起读者的好奇心，接着给出了答案，满足了读者的求知欲，引出下文。

天险，著名的秦晋崤之战即发生在此。①秦皇汉武东巡的车辇，在函谷关写出《道德经》的老子，诗人李白、杜甫，还有从这里出去的杨玉环、上官婉儿，无不要过这条古道。

千仞峭岩与万里怒涛的冲撞挤压，也在陕地托出了三道塬。不知何时起，身受仰韶文化浸润的陕州人，渐渐地在三道塬上将穴居与窑居的生活方式衍化成了地坑院。②我深信，地坑院就是人与自然共同书写的大书，是最具创造力和生命力的体现。你能想到吗？多少年间，竟然有成百上千家村落，潜伏于地平线之下，成为世界奇观。

二

雪片似梨花，覆满整个陕塬，勾勒出一个个坑院。谁家拦马墙散出了炊烟，让塬上的黎明活泛起来。一条狗钻上来，雪塬上有了一溜花瓣。这时候听见了鸡鸣，起伏于无边的沉静中。

红衣女子一点点地从地下冒出，手挥扫帚从坑院上方一条小路显现出来。这是新婚不久的女子，来的时候，柿子还在树上，红炫炫地挂满坑院四周。扫帚扫到了塬的边上，塬下，一条大河正蒸腾着雾气远去。

这样的景象也许20世纪初就被德国人航拍在了影像中。③坑院虽不用一砖一瓦，却有自己的风骨，所建必有遵循，所用必有遵守，所设必有尊重，说到底，还是民族智慧、东方文明的结晶。鲁道夫斯基由此惊叹这人类建筑史上的活化石是"大胆的创作、洗练的手法、抽象的语言、严密的造型"。

❶ 作者列举了一系列的历史名人来说明这条古道重要的地理位置，很多人都走过它。

❷ 作者运用比喻的修辞手法，将陕州人的地坑院比作大书，写出了作者对这一奇特景观的赞叹。

❸ 作者此处说明了地坑院建造的原则，赞扬了陕州人的智慧，表达了深深的民族自豪感和文化自信力。

❶ 作者引用唐玄宗的诗句写出了陕州带给人们的感受，丰富文章的内容，增强了文章的文化底蕴。

❷ 此处作者发挥合理的联想与想象，假设诗圣杜甫当年来过这里，定会留下诗词一二，可惜他擦肩而过了，不免令人感到遗憾。

独特的陕塬，高险平阔，南有重峦叠嶂的崤山，北临沉郁雄浑的黄河，深沟狭壑纵横，陕州故迹遍布，远处的镜湖，还会有天鹅翔集。①站在这样的地方，该是有诗的。唐玄宗旅次陕州，曾吟出"境出三秦外，途分二陕中。山川入虞虢，风俗限西东"的诗句。当时驻跸哪里呢？想他没住地坑院，若在地坑院留住一晚，诗中情怀当更为雄奇。

一代诗圣也错过了地坑院，黄昏时匆忙投入的是石壕村的靠山窑。那地方离塬上并不远，却存有不安定因素。②如果老杜走上塬来，住在坑院，情境或有不同。说不定晚年选择这里，也不会茅屋为秋风所破了。

又过去多少年，慈禧来了。慈禧避乱长安回京，没走回头路。光绪二十年九月，慈禧的銮舆进入函谷关，到这里天色已晚，只得在地坑院落脚，陕塬人没有亏待她，腾出最好的窑院，点起过山灶，给她做"十碗席"。高高在上的慈禧对住在地下恐怕有些不适应，然而面对舒适和美味还是做了一回普通人。

陕塬人虽安于一隅，但性情刚毅，遇日本人来犯，便自发组织，不让侵略者安宁。至今这里仍有遗迹，纪念抗争中的牺牲者。

三

头一次住进地坑院，感到有一种四合的凝聚力与向下的沉淀力，却离天尤近，繁星框了一院子。院子像塬上开的天窗，所以人们敢大声地说，畅快地笑。这里娶媳妇才真的是入洞房，热炕上任怎么打滚，也不怕被偷听了去。三道塬，相互交织和延续的，也许

绝版的周庄

就是这种简单的安逸感。

天黑的时候,坑院就成了一种暗物质。巨大的安静,使夜溶解得贴切而真实。①偶尔有小曲传出,那种抑扬顿挫的眉户调,混合着蛐蛐、咕咕喵、南瓜花、扁豆花的声音,实为一种天韵,有女人在这天韵中剪着窗花,消磨一天中最后的时光。

什么时候有了叽喳的鸣叫,叫不出名字的鸟你说我唱,汇成无与伦比的乡间大合唱。而坑院还在深深地沉睡。太阳被塬的一头悄然挑起,镀亮湿漉漉的早晨。塬上永远都散发着一种清香,那是最本质的土的味道。

②一位老人从坑院里走上来,见了我,看着不认识,话语却出了口。我赶紧回应,声音里,竟然有一种亲切与感动。

很长一段时日,对于尘世来说,这里是远避的、深藏的。当地施行保护措施并进行旅游开发后,地坑院就像尘封的窖酒醇香四溢。纯粹的乡村越来越多地远离了视线,这一片坑院越加亲近地挤占了怀旧的情感。③有人来看建筑,有人来搞摄影,有人支着画板写生,有人搜集俚语唱曲,有人学习泥砚剪纸,有人什么也不为,就为了看看与自己的老屋有什么不同。想李白苏轼来,应当会把坑院当成一方金樽邀月起舞!地坑院是一个个模子,能翻模出民间艺术的孤绝与惊喜,翻模出华夏中原的淳厚与质朴。

再次来到地坑院,梨花正旺,柔风掀落片片花瓣,花瓣把一个个院子铺满了,有些花儿飞出坑院,与桃花杏花汇在一起,直把整个山塬绚成缤纷的世界。④通向外面的村路在塬上起伏,渐渐升出一个人,又升出一个人,近了才看清是年轻的姑娘小伙,他们身后是

❶ 作者详细描写了一幅生活场景,仿佛使读者身临其境,这里人的生活朴素简单,却也悠然自得,这是一种与城市大不相同的生活方式。

❷ 虽然老人并不认识作者,但却非常热情,这大概与地坑院人真诚纯朴的性格有关。

❸ 作者用排比的修辞手法写出了地坑院在被发现后前来探访游玩的人之多,外面的人对这里隐藏的一切充满好奇。

❹ 年轻一辈总是想去更广阔的天地发展,地坑院这一方小小的天地已经装不下他们的梦想,老人送别年轻人的场景不免使人忧伤。

167

年迈的老人,千叮万嘱地相送。年轻人渐渐没入塬下,只剩纷舞的梨花与摆手的老人。我突然有些伤感,当年坑院里种梨,是图吉利的意思,现在倒有一种离别之情。再多少年过去,坑院里还会有人厮守吗?

延伸思考

1. 通读全文,概括陕西地坑院有哪些特点。

2. 请简要分析住在地坑院的人具有什么样的性格特征。

3. 文章结尾处表达了作者怎样的思想情感?

时光里的黄姚

名师导读

时光里的黄姚似一位姑娘，安静地听你诉说衷肠，时光里的黄姚又似一位老者，平和地为你答疑解惑。这篇文章穿梭于黄姚的历史与现在，讲述她的故事，作者在黄姚找寻到了心灵的宁静，并热情地将这份宁静分享给读者。

黄姚这个名字，会让人一下子记住。就像一位女子，远远地站在那里，站在你的念想里。你也许没有见过她，但又好像从来就没有忘记她。那是一种乡间情怀，一种乡愁感念。有人将黄姚念成了姚黄，念错了也无妨，意思差不多呢。

①古旧的黄姚，进来便有一个气派开场，怪石崖壁，拱桥亭廊，八百岁的榕树，以迎客的姿态撩幔牵裳。树下姚江环绕，水汽蒸腾。一个镇子，怎么能如此大地异样！水上的老屋，替镇子保存着岁月。必是格外地喜欢这里，才有了如此宏大的聚集，且聚集得紧凑

① 作者采用拟人的修辞手法写出了百年老树的姿态，它作为这里的老者迎接着远道而来的客人。

169

又有条理。

每日里听不到多少喧嚷，声音被那些水那些石收纳了。数百年时光的经营，把黄姚经营得古典而端庄。

黄姚的入口是很小的门，关上这道门，就将所有都关在了里面，只能从威严的石壁去体味城堡般的气势。偶尔会来一场雨，雨带着烟雾，像一页页屏风，次递翻过。摞在高处的瓦，总是最先得到冷热的信息。承受不了的雨滴，滴滴传递，最终传递给姚江。①一条条囊括着深宅大院的老街，老街上旗幌飘摇的店铺，一座座器宇轩昂的宗祠，宗祠内外的庆典喜宴，以及一个个通江码头，连着码头的灯笼节提灯会，让人知道，黄姚不是多少年前就为今天的热闹埋下伏笔，而是多少年都是今天这样热闹。

除了悦泰兴、金龙门、金德庄那些老字号，还有春天里、那些年、一米阳光的新招牌。欧阳予倩及其他名人寓所隐在其中，表明黄姚的温暖与情义，什么时候，这里都是中国安适而幽静的后院。②看到墙上的字："在黄姚留下，或者我跟你走。""我有酒，你有故事吗？"热情与真挚，让人知道，这里也从不缺少浪漫。

往往想不到，小门里会藏着几百岁的老宅院。有的依山就势，攀到最上边，是一片翅膀翻扑的瓦。总能见到残垣断壁处砖石的接续，见到朽旧的房门，又有了新的木楔。

黄姚不突出个体，显示的是整体的豪华与大气。

从姚江上看，感觉古镇是从水里长上去，一直长到地老天荒。③奇峰与凤竹簇拥的江水，像肌肤又像丝绸，不必触摸，也能想象触摸上去的感觉。

黎明在风中把黄姚叫醒。群鸟翻飞，像开在空中

❶ 作者用排比句写出了黄姚的繁华，老街、宗祠、码头人来人往，不断地为黄姚注入活力，排比的句式加强了气势，增强了感情。

❷ 作者通过记叙墙上的字表明了黄姚的浪漫，很多人来了之后就不想走了，这里有情有酒有故事。

❸ 作者采用比喻的修辞手法，生动形象地写出了黄姚江水的丝滑流畅，这美丽的景色令人沉迷。

170

的花。青山在不远处绾着罗髻，似要赶一个露水墟。

早上看黄姚，觉得黄姚在氤氲中飘起来，各种日常都在缭绕，包括炊烟，包括亮嗓，包括豆豉的浓香、草药的清香。

进入黄姚，我也会飘起来，气韵爽身，心劲飞扬。

背书包的孩子，从那个门里出来，阳光将身影打在石板上。一只白蝴蝶飞走了，土墙上划一道翩然。①女孩轻轻走过支着板子的老屋，她怕惊了屋顶的瓦。每一片薄瓦落下，都会让岁月隐痛。墙根的胡枝子，开着粉色小花。还有败酱花，摇着白色的果粒。让人想到，在黄姚，哪怕一片叶子都起着作用。

夜晚的黄姚，有点儿像寓言。月提一盏青灯，不动声色地上着层层石阶，而后爬过屋顶，将古镇覆一层锡箔辉光。巷子忙碌了一天，在红灯笼的轻摇下，睡得很沉。夜的穹庐笼盖四野。有什么掉进水里。偶有一两声虫鸣。一些故事在悄悄发生。

经历过黄姚以及黄姚的夜晚，你也会变得深邃而宁静。

②在尘世久了，丢了许多东西。来后发现，那些东西在这里还能找到。于是有人偷偷流泪，长时间没有一句囫囵语。有人住下不走，泡一壶清茶，守着自己。

我一次次来，仍不能真正领略黄姚的全部。我想以热情邀请更多的热情。穿越千年，我想邀李白来望月，这里的月有家的味道，我想邀杜甫来住厦，这里从不会风卷茅屋，我想邀郦道元来看水，这里才应该是《水经注》的末尾。

黄姚，她就那么纯秀地站在芳香馥郁的田野间，站在桂林山水的旁边，等谁，又不似在等谁。

❶ 此处写出了黄姚历史的悠久，这里的一砖一瓦，一草一木都已存在了百年，它们早已融进了黄姚的历史。

❷ 黄姚有一种使人沉静下来的力量，她能够净化心灵，抚慰心灵，很多人在这里得到治愈，找寻回尘世中迷失的自己。

延伸思考

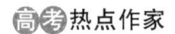

1. 作者笔下的黄姚是怎样的？请简要分析。

2. 请简要赏析"黄姚不突出个体，显示的是整体的豪华与大气"。

3. 文章中表达了作者对黄姚怎样的思想情感？请简要说明。

太姥山

> **名师导读**
>
> 　　这篇文章以一个传说开头,从景色、景物和人等各个方面描写了作者眼中的太姥山,在作者眼中她仿佛一位充满智慧、性格沉稳的老者,你可以跟她诉说所有的秘密,而且不用担心她会泄露出去,她可能不会回答你,但一定是你最贴心忠实的倾听者。

　　无论多少传说,这座山都与一位女子有关。传说中我最喜欢的,是那位让人感到亲切的劳动者。① 人们叫她蓝姑,她在山上种蓝,还种白茶。蓝的果可以吃,叶子可染布,白茶能治病健体。这简直像一首诗。后来人们将这位给尘世带来吉祥的女子称为太姥。

　　黎明时分,一声鸟叫,引燃了山顶众鸟欢鸣。想象太姥在世,会在这鸟鸣中开始种她的茶和蓝。茶与

❶ 作者以一个传说作为文章的开头,增加了这座山的神秘感,引起了读者的阅读兴趣。

蓝一片片地铺展，催开了寺院里的钟声。

梵音直泻而下，海浪涌起，烘托出一抹玫瑰烟霞。烟霞腾挪，渐渐变得浑厚，太阳的金轮从浑厚中隆隆而出。

①大地顿时一派澄明，满山的浓郁涂了一层葱翠。葱翠中看到与中原不一样的桐花，这里那里，像是丽人出浴，雪亮的芬芳，融化了天际。

海鸥是我见到的第一批游客，它们从海上飞来，自在地在葱翠间撒网。

这时回头，太姥山像一尊佛，披拂了红黄的袈裟。

二

对于大海而言，太姥山是一个独特的存在。多少年前，它从大海的母腹中轰然而出。海的感觉非同寻常，当它耸立云天的一刻，海听到了接天连地的脉动。那么，也可以这样说，那些嵯峨的山石，即凝结的海的浪花。浪花纯净圆润，每一颗都透着坚实与浪漫。

石与石之间的缝隙，被雨滴敲开。太多的鸟鸣灌进去，灌满再溢出来，满山谷流淌。

②一块大石晃动了两下，差点惊落万丈深渊，又被风扶住。风肯定是太姥自家养的，携着芳香只在山里转，笑笑闹闹把每一个角落都转遍。

山洞是要居住仙人的吗？一个个洞穴，哈出一团团雾气，雾气变成云朵，随山瀑流向很远。

③岩上钻出来一棵小芽，岩以自己的湿润供养它。很多这样的小芽歪斜着、挺立着，与山岩共同诠释友好与信念。

❶ 作者运用比喻的修辞手法将桐花比作丽人出浴，生动地写出了桐花的纯洁与美丽，使文字具有了画面感。

❷ 作者将风拟人化，赋予它人的性格特征，它仿佛一个调皮的孩子，肆意地在山中玩耍打闹。

❸ 太姥山上的一切都在和谐地存在着，岩石为小草提供了生长所需的水分，小草陪伴着岩石，两者和谐共存。

绝版的周庄

前面是一线天，峡缝很长，人们却喜欢挑战自己。女孩从峡缝攀到上边，刚打开一把青花伞，就被透彻的雨线覆盖。再细看，竟然是云隙间射出的一柱光。

千峰万壑，总会有黄瓦红墙隐在其中，香烟缭绕着木鱼的清响。往往这时会变得步履轻盈，气韵宽展。

①还会突现一湖水，像是太姥山的瞳孔，闪着幽蓝的晶明。这时有人大呼小叫，湖把那些叫喊滤了一遍，连声带水甩到很远。

山石也会捧着小潭的清涟，人们叫作天水。天水似一个个茶盏，茶盏时而飘进几许叶片，那是野生白茶。仙境中的茶林，是著名的白茶宗源。茶林一忽于云上，一忽于云下，采摘的时候，会连云气也带回来。

有姑娘在潭边煮茶，穿着麻衫的俏丽身影，让人想到那位太姥。在这里喝茶，与在山下的感觉不一样。高山上就着天水，挨着茶林，品的是自在与天然。

一路攀登，有人说看到了金龟爬壁、银鼠跳崖，或是玉兔听潮、九鲤朝天。②可我看到了一个世俗世界：农妇在弯腰揲水。孩童在赤裸洗浴。牛卸了耕耘的农具，扭身望着夕阳。一个麦场不人，石碾却不小。一只蛤蟆，看到我竟毫无顾忌，仰头大叫，只是叫声听不见。有人害羞了，红着脸背转身去，像第一次出来赶集的村姑。那是些乡嫂吧，聚在一起，也不管姿态雅不雅，摇头晃脑，伸腰拉胯，肯定上演着什么好戏。还有穿长衫的绅士，挺胸凹肚，高谈阔论。远远的单单的可是老子？在那里思想，又像送别刚刚问道的谁。

这片区域，几乎聚集了所有个性独具的顽石，它们放浪形骸，亦仙亦幻，构成太姥山的洒脱从容，磅礴大气。

❶ 作者运用比喻的修辞手法，将湖水比喻成太姥山的眼睛，生动形象地写出了湖水在山中的位置。

❷ 同行人一路欣赏景色不同，作者从不一样的角度观察着太姥山，他看到了世俗的生活，看到了真实，看到了人间烟火气。

175

❶ 作者引用汉武帝和唐玄宗对太姥山的封号写出太姥山的钟灵毓秀，写出人们对它的赞扬。

我感知到太姥山的自然与亲切，她连同大海，带给这个世界更多的深沉与浩瀚。① 实可谓毓秀海天三千韵，钟灵仙境九万重。难怪汉帝封其为"天下名山第一"，唐玄宗又赐"仙都圣境无双"。多少仁人因之膜拜，多少墨客为之慨叹。太姥山的荣敏说得好：它既是一部自然经典，又是一册人文巨著。

三

夕阳落去，大地沉睡，广宇安详。有些故事还在延续。

❷ 作者发挥合理的想象，从眼前的山石中看到了爱情的影像，在太姥的见证下，一段段美好爱情正在发生。

换一个角度，就看到了爱情的影像。② 那山石，不正是一个人冲着一个人跑去？还有，一位在弯腰，要拉起下边的一位。还有，两个人依在一起，头顶正过流星雨。

在这里，会明白什么叫山海奇缘，什么叫一生一世。太姥做证，一切都成了永恒。

这时再看月，月只剩了半弯，正收割着丛丛云气，直到现出一片净土。

转过山弯，那月已是一枚篦梳，别在女子的发髻上。这女子背对着我，身腰舒展，正享着那番清雅。

❸ 在作者的眼中，经历了时间沉淀的太姥山仿佛对一切都了如指掌，她充满智慧却又低调安静，坐在她的身旁你也会被她的这种精神所打动。

③ 太姥山，一座低调的山，它不浮躁，不虚飘，充满了沉静的内涵。真的是饱经沧桑的老母，什么都淡然。你来了，同她坐在一起，不消说什么话，就会陷入她的深刻。

你也会变得明白起来，纯净起来。你甚至也想变作一块石，在这里打坐，看云起云落，任潮退潮涌。

延伸思考

1. 通读文章,概括太姥山都具有哪些特点。

2. 文章是按什么顺序进行写作的?请简要说明。

3. 文章中表达了作者对太姥山怎样的情感?

潍坊的风筝

> **名师导读**

阳春三月,潍坊的天空中便会飘着各式各样的风筝,这是属于风筝之都的浪漫。在这篇文章中,作者从多个方面介绍了潍坊的风筝并穿插介绍了潍坊这座城市。风筝是潍坊人待客的方式,也是潍坊与世界交流的方式,潍坊人用一架架风筝飞向世界各地,也带来了世界各地的人们。

一

这里的天太蓝,蓝得有些寂寞,于是潍坊就总是让风筝飞满天空。①那风筝各种各样,有的天真,有的老成,有的纯一色,有的画着脸谱,更多的是动物世界,直把那天空整得五彩缤纷。潍坊后来干脆搞起了国际风筝节,整得八方瞩目,都携着自己的风筝来放。1984年被潍坊放上蓝天开启风筝节的风筝,一飞飞了37年。自此这块天空就成了风筝之都。查了一下,

① 作者采用排比的修辞手法,写出了潍坊风筝的多样,多样的风筝催生了风筝节,潍坊开始走向国际,吸引更多的人来参与风筝的聚会。

确实，潍坊的别名就是鸢都。

鸢都有鸢都的优势和气势。①潍坊人会说，我们这里，南依泰沂山脉，北濒渤海莱州湾。潍坊人还会说，著有《齐民要术》的贾思勰是潍坊人，哦，现在全国著名的蔬菜基地潍坊寿光，不知是否与这位农学家有着某种缘分。这里还有大画家张择端。是了，他的《清明上河图》中就有放风筝的景象。还有刘墉，潍坊的水土孕育了这位为官清廉的大学士。此外，这里的人还会自豪地告诉你，苏轼、欧阳修、范仲淹、李清照、郑板桥都曾在这里任职或居住，这里至今还为他们保留着居所与遗迹。这里的人喜欢放风筝，那是因为他们的生活充满了自在与满足。你看，全国瞩目的花卉产地、蔬菜产地、食盐产地、蓝宝石产地全在这里，这里还是有名的教育基地。

可以说，潍坊是一个独特的存在。②潍坊人平时神情含蓄，精工细作，认真学习，高兴时尽情享受，释放快乐，将生命之花，尽情抛撒到天上。我在昌乐看到了沈孝业。他本是一位朴实的农民，从小也喜欢放风筝，后来做起了油漆厂，做做成了知名品牌，今年的风筝节，就是他出资赞助。他的油漆广告是：乐化油漆，刷新世界。

潍坊的风筝有着悠久的历史，这里的风筝博物馆，展示着公元前5世纪的鲁班风筝及其他各式风筝。据说在明代这里已经有了放风筝的习俗。这里守着大海，风筝也就从邻国的朝鲜、日本传播出去。英国学者李约瑟把风筝列入中国向欧洲传播的重大发明之一，风筝这一娱乐工具融入了不同国家的文化内涵。③风筝之都的人们不仅喜欢放飞风筝，还喜欢制作，世界上70%

❶ 潍坊这片土地孕育了很多历史名人，作者一一列举，显示了潍坊的深厚文化与魅力。

❷ 放风筝是潍坊人享受生活的一种方式，他们将一切烦恼放飞，尽情地享受快乐，这是潍坊人的传统。

❸ 潍坊被称为"风筝之都"，还因为他们发达的风筝制造，作者在此用列数字的方式说明了其风筝产业的发达。

的风筝都出自潍坊。随着20世纪80年代潍坊风筝节的举办，杨家埠就有了风筝厂。我看到风筝厂内人员分工很细，有设计的、制作的、描绘的、包装的，还有负责试飞的、网上直销的。各种各样的风筝堆满了厂房，那可都是欢乐的载体，就等着一阵风。现在潍坊的街道、宾馆、商店，到处可以看到与风筝有关的符号。

这里依然是孔孟之乡，礼仪之邦。凡客来，便邀喝酒，而后去放风筝。在潍坊，带客人放风筝如带朋友去钓鱼一样，是一种生活品位，你享受了，他便高兴。于是更多的人带着他们的风筝来了，那些风筝里，有江南的柔情，有东北的豪爽，有西北的剽悍，还有世界各国的风情。①你看，在那辽阔的旷野上，哪个人不是脸上泛着笑意，专注地享受一种独有的乐趣呢？

① 此处作者以问句的形式加强语气，写出了放风筝人的快乐，放风筝能使人体会到孩童般的快乐，带给人放松与享受。

二

云和风筝换了位置，或者说，云为那些风筝腾了位置。喷薄欲出的朝阳中，一下子喷薄出那么多纸鸢。潍坊本就是一个大花园，现在，所有的灿烂，全开在天上。连太阳也似一架风筝，红红火火地放飞在天空之上。

放风筝的人，放着的时候，就将自己当成了那只风筝，所有的风筝都没有想到，它们会变成另一个世界。②它们以单纯的自我，组成群体的庄重。天空的图谱，写满风筝的音符。整个天空生动起来，瓢虫、螳螂、蜻蜓、郑板桥。还有一个大章鱼，你简直怀疑它是否能够升起来，可它竟然一点点升起来了，不知不觉地

② 此处作者运用比喻的修辞手法，将天空比作图谱，将风筝比作音符，生动形象地写出了漫天风筝飞舞的场景，那是一个属于风筝的世界。

升起来了。我知道它在挣扎,挣扎一下是一下,直到挣扎着离地面越来越远。多么不可思议,那不是借助风,是借助它自己。巨大的天空容纳了它。

云端的气流大起来,带有一种冲撞,将一些鸢尾冲得一抖一抖,使得场面更加好看了。① 有小鸢在如盖的大鸢中间挤来挤去,有些小鸢如圆月边的点点繁星,看着这些风筝总有诗句在心头闪过:"不解藏踪迹,浮萍一道开。""远看山有色,近听水无声。""流波将月去,潮水带星来。"这些人间的美好,此时却都显现在了天上。

竟然还有蓝宝石风筝,这一定是昌乐人放的。还有一对儿大萝卜,倒栽在云朵中。"烟台苹果莱阳梨,不如潍县萝卜皮",放飞者可能就是大萝卜的后人。这里总是上演风筝传奇。有一架120公斤的风筝,被十几个人扛着来了,② 这也能放起来?试试呗,在这风筝之都,谁不想玩一次浪漫。竟然就喊着吼着让那庞然大物飞起来了!

在这个灿烂的上午,一切像进入慢镜头,连地上牵着长线的人也一样,都享受着秋的婉转。谁不想做那只纸鸢或是放鸢的人呢?在这里,总有一种情愫簇拥着你。看着满世界飞扬的风筝,我敢说,没有人不有所触动。你看无论放风筝的还是看风筝的,无不神采奕奕,伴和着春光。

我也想当一架风筝,升到高空去看看天下景象。应该很多人有这种想法,我想起一种游乐项目:快艇拉了一根伞绳速奔,把人高高升起,人就在空中使劲儿地笑啊叫啊。在空中能看到什么?或能看到大片的花海、大片的绿色蔬菜、大片的盐滩。能看到大海东

❶ 作者引用不同的诗句来描写眼前的美好,诗句是美的,眼前的场景也是美的,而美是共通的,它们之间本就存在着某种联系。

❷ 作者模拟众人的口气自问自答,记叙了大风筝起飞时的场景,在风筝之都好像什么样的风筝都注定是要上天的,天空才是它们的归宿。

来第一山的沂山,看到连成一片的古火山,那曾经闪现奇幻光芒的峰峦。还有虞河、潍河、弥河、小青河、白浪河,数百条河流活泛起来,天上的风筝在它们的记忆里复苏。①潍坊人是一群在地上生活,在云里写诗的人。他们放风筝的那种豪情,那种自在与自信,让你觉得,就是一片大海,他们也能放起来!

三

②天色渐晚,太阳已经回家,霞光燃烧完了的时候,一些风筝还在天上游玩。真个是不知天上宫阙,今夕是何年。听到了一种非常田野的曲子,熟悉又有些陌生。是响自哪里呢?仰头侧耳,哦——曲子竟然出自那些风筝中,不知道是哪一只发出,却又像跟着和鸣。初听不知曲中意,细品已是曲中人。你不可能成为身外之人,你一定会被那若隐若现的乐曲所打动,并且理解那曲中的意味,那意味深沉而浓厚。像是沂蒙小调,又似是大海渔歌。③如果你想寻求邂逅,你可以来潍坊;你想寻求浪漫,你可以来潍坊;你想寻求安逸,你也可以来潍坊。在这里,再矜持的人,也会变得随意和洒脱。

海阔天高,瓦蓝色的天湖里,游动着各种各样的活物。还有鸥鸟聚在一起飞,让人迷惑,哪些是鸟,哪些是风筝。

这是一片浓缩的天空,浓缩了所有的美学、力学、气象学以及智慧、体能等因素。④每一只带着春天底色的风筝,都担负着修饰蓝天的责任。

潍坊人特别珍爱每年的阳春三月,珍爱得让千只

---

❶ 这句话非常唯美浪漫,作者将潍坊人比喻成在云里写诗的人,为现实蒙上了诗意的色彩,使放风筝这件事更加令人向往。

❷ 作者运用拟人的修辞手法生动形象地写出了风筝在天上飞舞的场景,天色渐晚,但快乐还在继续。

❸ 作者运用拟人的修辞手法生动形象地写出了风筝在天上飞舞的场景,天色渐晚,但快乐还在继续。

❹ 每年春天,潍坊的天空便会被各式各样的风筝装点着,这是属于这个城市独有的浪漫。

风筝布满天空。片片只只，团团簇簇，也布满无数人的心空。

怎能不说，潍坊，也像一架风筝，在大海之畔，高高地飞扬。

延伸思考

1. 读完文章，你觉得潍坊人具有什么特点？

2. 请简要赏析"云和风筝换了位置，或者说，云为那些风筝腾了位置"。

3. 文章结尾处，作者将潍坊也比作一架风筝，谈谈你的理解。

夕阳·大海

名师导读

在这篇文章中,作者用诗意的手法记录了一次自己观看海上日落的经历。作者寓情于景,在观看日落的同时,也在观察看日落的人,所看到的景和所遇到的人使他产生新的思考与感悟,看的是夕阳,悟的是人生道理。

一

近些年,奔辽宁营口的多了起来,其中就有人来观看夕阳与大海演奏的乐章。那是因为,营口是全国唯一西朝渤海的地方。

不少人在攀登。这是一个纵深向海的观景台,据说在这里可以看到大海最美的落日。一层层的台阶真的是多,越着急越显得多。刚开始上得还快些,渐渐体力不支,有人开始掉队。①我听到了自己的喘息声,同周围的喘息合在一起,像是机器在愉快地轰鸣。

① 作者采用比喻的修辞手法,将周围的喘息声比作机器在轰鸣,生动形象地写出了前来观看的人之多,也透露出作者的兴奋。

整个下午都有点儿兴奋。如人们所说，如果只是见过海上日出而没有经历过海上日落，那么你的人生不完满。自然是当笑话听。正好有了一个机会，还真是要体验这大自然的至美时刻。①时间还早，先去看营口港，东北地区最大的货运港，一片繁忙，大大小小的船舶，起起落落的吊臂，让人眼花缭乱。再去鲅鱼圈中心广场，在湿润与洁净的时间里徜徉。觉得差不多了，才往这里赶，像是与夕阳商量好的。哪里想到竟是如此艰难。

钢架里攀爬看不到景象，只看到下面离得越来越深的海。还有最后一道斜坡。那坡度更陡，一个个台阶望上去，天梯一般。②好像故意要设置这样的高坎，让你知道寻求美好的曲折与艰难。有人到了这里放弃了，说有恐高症。有人立定在那里，不知道下一步往上还是往下。一个少妇歇了歇，却抱着孩子上去了，边上边说"可累坏妈妈了"。一对老夫妇，相互搀扶着，也在一级级坚持，每上一级喘一喘，抬头看看说"不远了"。终于上来。哦，风如此狂野，瞬间把人吹透。人们将围巾衣扣都系严，还是被吹得周身呼啸。

视野真是订阔，整个天下都装在了胸间。太阳还在大海之上盘桓，似乎知道你急，等着你。

海泛出淡蓝的光，填满整个大地与天空。这样的大海上，唯有一轮夕阳，穿幕电影一般。那些海浪，你看着的时候，起了变化，出现了夕阳临近的效果，感觉是一片金黄的稻穗，饱满而羞赧地推赶着。这时出现了云霞，丝丝缕缕飘飞的云霞，使得夕阳有了动感。一只只海鸥，在这动感中划着弧线。

夕阳不那么耀眼，可以直视它，直视它的安静与

❶ 作者写到了营口港和鲅鱼圈中心广场，更全面地介绍了营口，使读者对它有了进一步了解。

❷ 这句话富含哲理，值得思考，美好不是那么容易就能得到的，追寻美好的路上必然有曲折，这些人不同的选择何尝不是代表了我们人生的不同选择呢？

❶ 作者从日出日落中得到了自己的感悟，两者的美丽是共通的，也是互相成就的，缺一不可。

❷ 作者引用李商隐的《无题》表达了夕阳的美好，看过夕阳大海的作者对这首诗有了新的理解。

温润。实际上，黄昏与黎明同属于美丽的时段，没有日落就没有日出。①这个轮转，正是一种天赐良辰，有起有落，有作有息，调理修整，是一种辩证，二者相继相承，日落的意义由日出体现，日出的意义由日落完成。那么，如果你将落日和朝阳并在一起，想成时间的两面劲鼓，有节奏的击打中，你便听到了生命的律动。

②有人说李商隐的情绪出了问题，怎么能是"夕阳无限好，只是近黄昏"？我想，伤感的看到就是落幕，乐观则是满眼绚烂。也许这位爱写《无题》的朦胧诗人的意思，是"夕阳无限好，只因近黄昏"。

二

被黄昏打开的海愈加沉寂，那种宏大的沉寂让人觉得不像在人间。如果不是紧紧抓住冰冷的栏杆，我感觉我在飞升。

旁边一个女孩，不停地拢着自己的长发，风将她的长发和裙子吹成了旗。如果有一群这样的女孩，平台就成了旌旗猎猎的西炮台。她举着手机打着手势，自拍不成，让我帮忙。太阳再下落一会儿，她又让帮忙。问她"一个人"？她说是，从上海来参加亲戚婚礼，听说这里能看夕阳坠海，就一个人跑来。③她冷得够呛，却不愿离开，在平台上扶着栏杆一会儿到这边一会儿到那边。夕阳变红的时候，她又兴奋地要求帮忙。镜头里的她乱发飘扬，一忽竖起两指，一忽打开双臂，张扬着激荡的青春。

我理解这个忘乎所以的女孩，在这一刻，她觉得

❸ 作者讲述一个姑娘让自己帮忙拍照的故事来描写夕阳的无限魅力，姑娘两次三番地请作者帮忙，因为她被不同时刻的落日打动。

生命更有了色彩。不同的人看夕阳有不同的感受，我想我如果再回到从前，我的眼里会流出泪水。

看到了那位母亲，她将孩子紧紧地裹在怀中，而后不停地说着，让那一双大眼看着这壮观的景象。这位母亲，要把自己的喜欢，也传递给自己心爱的人。太阳还在下沉，一边下沉，一边打开宝匣，将里边的红艳泼洒出来。此时的大海，完全被那红艳所染，染成了挤挤涌涌的接天红莲。

① 忽而听到李叔同的《送别》："晚风拂柳笛声残，夕阳山外山……问君此去几时还，来时莫徘徊……"我竟沉浸到歌声里，风的笛声若隐若现，夕阳落照，海之外，还是海。

我看到了那对老夫妇，此时那位老者须发飘扬，身体微微晃动，我以为他惧冷，没有想到是他在哼唱！他的目光早已接亮那盏红艳。他的老伴右手扶着他，左手打着拍子配合着。两人幸福的神情，悄悄进入了我的镜头。

② 忘记时间的繁华与衰败，爱，胜过一切形容。享受一时天真，是人的真实，只有在这样的情境之中，才能显现出本性。有时候，对人生的感觉，就在瞬间完成。

夕阳必不是一样的，于是就总有人看夕阳，看不够的夕阳。这高矗于海的平台也就成为一种向往。营口港能看到这个景象吗？西炮台那斑驳的老墙，也将镌刻上凝重的色光。还有望儿山，霞辉会为远望的母亲披上一件大氅。

❶ 作者引用李叔同的《送别》完美地诠释了此刻的意境，歌声融入落日，给人无尽的美的享受。

❷ 作者写出了自己的思考，在大自然美的熏陶感染下，仿佛使人忘记了时间，感受爱与最真实的自己，也引起了读者的思考。

三

　　我不知道是太阳的下坠，还是海的引力，使得二者如此地拉近，再拉近。那般鲜红而硕大的浑圆，与苍然的波涛，终于完成了一次宏大的和鸣。

　　夕阳坠落的瞬间，掀起了风，风将海浪鼓动，将霞光鼓动，将所有的鸥鸟的羽翅鼓动。①我似乎听到了一种隆重的声音，那是夕阳沉落的轰鸣，还是大海迎合的回响？那声响来自我的心底。

　　一缕红纱留在了天边，红纱幻化出丝丝缕缕的细纹，而后消失于暗色的混沌之中。大海，变得古老而深沉。

　　整个世界陷入静默。这个时刻，竟然没有人说话，甚至小声的喘息都没有。人们在发呆，每个人的时钟似乎都有那么一刻停摆。刚才的那位姑娘，此时也愣愣地站在那里，只有一缕乱发在飘摇。而那位老者，俨然变作了一具铜像。

　　回头的时候，一轮明月已然升到了半空。这让你明白，落日之美，还连着月夜之美。比日出多了一种哲学意味。②日出连着越来越明晰的天穹，日落却给人带来无尽的遐想与可能。"月上柳梢头，人约黄昏后"，即可能之一种。

　　这个时候你将眼睛闭起，你的眼睛里仍存了无限的夕光，那光彤红而润黄、明艳而沉蒙，等你打开目光的时候，它们还在，巨大的黑成了它们的光环，那光环起码在大海的五环以外。山海广场响起了音乐，配合着落日而来的舞者，在享受海滨的快乐时光。月

❶ 作者将日落的感觉无限放大，那是一种来自内心深处的轰鸣，这个过程太美了，美得让人难以置信。

❷ 日落之后，想象仍在继续，海上升起的明月，将日落的美延续，作者完全地沉迷于这种美中，也拉着读者一起沉迷。

牙湾浴场，有人在游水，强壮的臂膀划开层层波浪。观海堤上出现了更多的情侣，快乐的笑带着香风。大海中，鲅鱼公主手中的明珠越来越亮，成了独具特色的航标。辽河老街的霓虹开始闪烁，百年建筑内外早已人声熙攘。

① 仍然有人来，站在海边听铜片翻卷的水声。许多人围坐在这声音里，感受祥和与安宁。仍然有鸥鸟在低飞，像时间的音符，演示着今晚的不确定性。

激荡与悠然，古老与年轻，照亮了营口的夜空。

❶ 作者采用比喻的修辞手法将鸥鸟比作音符，生动形象地写出了现场快乐的气氛。

延伸思考

1. 通读文章，找出文章的线索并分析其作用。

2. 请赏析"海泛山淡蓝的光，填满整个大地与天空。这样的大海上，唯有一轮夕阳，穿幕电影一般"。

3. 在第二部分中，作者为什么说"不同的人看夕阳有不同的感受"？

面对一条河

> **名师导读**

大运河是中国古代伟大的工程之一，它的修建造福了千秋万代，时至今日仍在发光发热。作者选取了水运枢纽淮安，通过对淮水流域的描写来表现大运河带给人们的影响。大运河的存在稳定了政治、创造了文化、促进了经济发展，在历史上具有十分重要的意义。

一

这里多雨也多水，湿润的气候容易激发联想。吴王夫差为了运输军队与粮草，派伍子胥开凿邗沟，那个时候，水上比陆路便捷。伍子胥是多么有能力的人？他很快将邗沟与淮河和长江连在一起。

这也为隋炀帝提供了方便，他以此为基础，迅速拓展了那个伟大的工程。① 可以说，邗沟是京杭大运河的开篇序曲，有了这个序曲，得以使全篇宏阔而惊艳。那宏阔而惊艳的鸿篇巨制，竟然有1700公里长。

❶ 作者采用比喻的修辞手法将京杭大运河比作乐章，将邗沟比作开篇序曲，生动形象地写出了二者的关系。

绝版的周庄

淮安的灵魂深处，埋藏着两千五百年的时光。这个因水而生的城市，最终成为水的故乡。①翻看淮安的历史，一条大河顿时翻涌，一把橹、一个锚、一件环扣、一只桅灯、一条缆绳，每一个物件，都在诉说着曾经。直到现在，有的物件还在水中发挥着作用。

我站立在大运河边，看着这波光粼粼的水花，目光迷离，直达久远。大运河改变了大地的思维方式，极大地挑战了水的传统流向。

这里的人说起来，神情亦有变化，那是淮安人特有的自豪感。

由于有了这条河，也就有了漕运。从元朝开始，沿海省份征收的粮食，沿运河北上，直到明清两代，未有停歇。漕运总督的衙门就设在淮安。而且，这里不仅有漕运总督府，还有江南河道总督府。②这两位总督，明清时候，多为一品二品大员，不受当地巡抚总督管辖，也不受部院节制，直接向皇帝负责。由于地理位置的重要，连淮安府的官员等级，也比其他知府高。如此，这个扼南北交通的水运枢纽，成为名副其实的运河之都。

二

因水利而成为宝地，③漂母曾在的岸边常年稻花飘香。江淮熟，天下足。由此造就了一个富庶的天下粮仓。走过仓盈风雨桥，对面就是一个仓储遗址，那里竟然有着九九八十一座粮仓，可想当时的丰饶。④我们晚间兴致勃勃摸到了这个地方，看不到什么痕迹了，只有一个牌子竖在那里，几个人打着微弱的手机光亮，抚摸着牌

❶ 作者通过罗列不同的物件诉说曾经，它们都代表了淮安的历史。

❷ 作者通过介绍淮安当年的官员任职情况来说明朝廷对于淮安的重视，间接肯定了淮安地理位置的重要性。

❸ 漂母：西汉的开国功臣韩信年轻时家贫，经常挨饿，只好在淮阴城旁的河边钓鱼为生，在岸边漂洗丝絮的漂母看他可怜，经常给他带饭吃。

❹ 作者用自己的经历写出了靠近历史深处是多么令人激动。

子上的字，内心掩饰不住地激动，觉得摸到了历史深处的芳香。可以想象，在这举足轻重的运河之都，来来往往多少人！你来了，他走了，甚至你来了，他还没走。一时间，舟楫相接，辐辏相继，楼馆高矗，店铺林立，在这运河边铺排出好大一片天地。装车的，卸货的，拉纤的，摇橹的，船船忙乱。唱曲声，叫卖声，号子声，声声不断。①明清时期，这城市就有55万人之多，那是什么概念？当时的杭州城才20余万。

❶ 作者将淮安城与杭州城人口进行对比，写出了当时淮安城人口之多，突出了淮安城的繁华。

博物馆的一角，我看到了好大一堆叠压着的龙泉窑瓷碎片，据说当时挖掘出20吨。它讲述了一个什么样的故事？这里是货物仓储集散中心，每日来往的物品不计其数，出现什么事情都不足为怪。

大运河，不仅润泽着文化，还创造着文化。船多客多，所以琢磨着吃，琢磨着做，淮安成了烹饪实验场，江南江北的名吃样样在此汇聚，宫廷民间的高手纷纷在此亮相，码头辐射出去的一道道街上，到处都飘着各式各样的幌子。集南北烹饪之长的美食，同上游的扬州相融相通，淮扬菜由此出名。②那些菜品的味道，极致地诱惑着南来北往的船只，也被这些船只带往四方。狮子头、鱼锅贴、老鸡煲、软兜长鱼、红烧马鞍桥，至今还在水上飘散着余香。那时的人说，腰缠十万贯，骑鹤下扬州，说不定扬州玩够，滑脚又到了淮安，只是他们不声张而已。那个时候，运河是国家命脉，管理好运河，也便管理好了国家。运河安则国家安。运河引领了中国最繁华的区域，因而它像一条金腰带，让当时的皇帝颇为得意，以至于他们一次次巡游运河。康熙和乾隆都是六下江南，六次都没有忘记在淮安上岸。

❷ 往来的客船促使了淮扬菜的诞生，他们又将淮扬菜传向四方，一条运河催生出更多的文化。

①　水给我们带来无比灿烂的文明，带来无可预知的美好，水也给这里带来过无尽的灾难。来淮安的路上，看到古黄河的标牌，再往东，又看到废黄河的指示。黄河一路上跑野了，为了入海，它曾经闯入淮河的河道。康熙十五年，在淮阴境内，黄河冲决王营、高家堰，决口三十四处。乾隆三十九年，黄河又从淮阴老坝口一冲而下，一万多亿吨带着泥沙的黄水，使淮阴以下入海河道全部淤平，淮河只能从洪泽湖南流入长江。直至咸丰五年，黄河夺大清河从山东利津入海，才结束660年由淮入海的历史。

②　康熙和乾隆，都曾多次到淮阴和洪泽湖大堤巡视，河道民众无数次奋争，才得以有"清晏园"这个名称。这条废黄河，就凝固在了时代的苦痛里。经历无数苦难的百姓，把心中的念想与寻觅，托付进了淮海戏中，那戏当地人也叫拉魂腔，悲怨的曲调多少年充斥于运河两岸，最终变成力量，变成诗篇。③　淮安，真的随了"淮水安澜"的祈愿。现在再没有了什么担忧，所有的水都有了信念，所有的堤岸都变成了景点。淮阴即在古淮河之南。站立25层楼的高处，会看到不只一条绸缎样的水左环右绕，显现着一座城市灵动的气韵与祥和的气象。

三

时间进入了一年当中的最后时刻，大雁与大鹅竟然同时飞来，在淮河流域境内的多条河流中徜徉栖息，两种颜色的音符，感染了这个明亮的早晨。一位老者守在水边，一杆烟袋，久未入口，只是让烟锅冒一冒青烟，而他自己，也如那烟袋，静静地发呆。④　有时候

❶ 这句话具有承上启下的过渡作用，前文中介绍了运河带给淮安的繁荣，下文中即将提到水带来的灾难。

❷ 经过无数民众的不断治理，水带来的灾难渐渐平息，作者在此处赞扬了默默付出的民众。

❸ 作者介绍了淮安名字的由来，它承载着淮安人的美好愿望，淮水安宁，他们的生活才能安宁。

❹ 岁月流逝，淮水也默默流淌了很多年，也有很多人在默默守护着它，这一守就是一辈子。

遇了人,他会让烟杆在空中划动,以加重他语气的激动,那一定是同谁对了脾气。旁边的人告诉我,这是一位老运河维护者,他把一生交给了这道水。

守在水边的还有一只黄狗,它往左看看,再往右看看,实际上它是在看水的流动。偶尔它会对着水吠一声,或许是水中有了什么动静。

我还看到另一位水边的老人,那是在枚乘故居旁,老人原来住在这临水的地方,这里被认定为枚乘故里后,老人就成了这里的管理者,他在水边管理花木,还护理菜园,严寒的冬天,菜地里竟然绿意一片。

越过菜地你会看到古银杏,看到古运河和古码头。当年,或有一位女子,长久地倚在树下,看着水上的船和水上的人。运河边,码头上,多少人上船下船,多少船顺水逆水,号子一声,风帆一晃,已是千年。

走进淮阴侯韩信故里,韩信倨傲的神情里,却有着些许的迷茫与慨叹,他或许不是在意兵戈铁马、荣辱曲直,而是在意漂母那永远追不回的笑意。① 走进吴承恩故居,吴承恩与运河的关系,就是一位会思想的人与水的关系,水将他的灵感调到最好,调成一部与运河同样久长的墨香。站在清口枢纽前,看一条河的向往,这向往已深深嵌入了时间的缝隙。运河两岸的石头,仍然堆积在那里,不知堆积了多少年。那些石头,无论立起来做碑还是横下去做岸,都是一个道理,都具有非凡的气质,与宏远的意义。

现在这里有盐河、里河、里下河、淮河、运河、古淮河、古运河,你都说不清它们是怎样一个概念,反正一道道水来,一道道湾,加上辽阔的洪泽湖,你会感到这里水的格局是如此宏大。宏大到天地为之合

❶ 运河养育了一代又一代的人,也有历史的名人,它默默陪伴着这群人,在无形中给他们力量与鼓舞。

掌，日月为之画圆。

①大运河气势不减当年，这条水道仍然显现出超出想象的繁忙，一艘艘吃水深切的大船南来北往，慢慢地享受时间的微澜。竟然还有划桨的小船，那些木桨，还在临摹着先辈们临摹了无数年的水墨。天黑得早了，现在是下午4点30分，太阳还有一丈高，格外地红艳，红艳的辉光泼在运河上，我就知道了为什么叫黄金水道，那不只是水道的金贵，还是因了早晚的色光。就像一水的黄金在伸展，随你的目光一直伸展到远方。在这样的水道上行船，该是多么愉快的事情，那是一个美好的预示呢！②4点50分，再抬头看，已经见不到太阳，只剩下它丢下的粉色长巾，飘在树梢上。这是一天的绝妙收场。

冬天的夜，一切都将进入静默与安然。只有一条河，还在亢奋地涌动，那是大地上弹奏的、永无休止的琴弦。

❶ 大运河造福了人们很多年，直到今日它仍在迎接往来的船只，为经济的发展助力。

❷ 作者运用比喻的修辞手法将夕阳余晖比作粉色长巾，生动形象地写出了日落时的唯美浪漫。

延伸思考

1. 读完文章，你觉得作者面对的这一条河是一条怎样的河？

2. 简要概括作者是从哪几个方面来写大运河的。

3. 文章的第三部分提到了两位守在运河边的老人，作者为什么要这样写？

★参考答案★

第一辑　官渡怀古

【瓦】

1. C E

解析：本题考查的是对文章主题、文本结构、表现手法的分析理解能力。对于这样的选择题，要结合文中的具体语境来判断题干中的意思。C项，虽然对"娘"在雨中修葺屋顶有着感激和怀念之情，但这个细节的描写意在表现瓦的力量。E项，对作品的表现手法，主题概括理解错误，本文是赞美瓦的无私奉献和坚韧的力量，同时又因为瓦被取代而感到伤怀。

2. ①结构上，收束上文，点明瓦的保护功能。②内容上，强调瓦对人来说是不可或缺的，表达了人们对瓦的依赖与敬畏之情。

解析：本题考查的是对文章中的重要语句的分析和主题理解概括能力。对于这类的语句内涵分析，大都会从句子的内容和结构上进行分析。⑥段是说明瓦的保护作用，是对⑤段的总结，因为人们知道了瓦的保护作用，是人们生活中不可缺少的，反映出人们对瓦有着依赖之情、敬畏之心。

3. ①（客观方面）对于土与火的结晶，先人早就有了认知；在漫长的岁月中，瓦已融入人们生活的方方面面。②（主观方面）人们在生活中对瓦有着复杂的感情：既赞美瓦的无私，感激瓦带来的快乐，也为瓦即将被取代而伤感难舍。

解析：本题考查的是对文章中重要语句含义的解读。解读语句的含义应从作品的感情基调去整体感知，从文章的思想上去探究语句的内涵，从关键词中探究。这句话是文章的主旨。③段写出人们对于土与火的结合，是一种经过漫长时间的积累，瓦已经是人们生活中不可缺少的一部分，给人们的是依赖是欢乐。⑩段表现出人们对瓦的复杂纠结的情感，既赞美瓦的无私奉献，又为瓦被取代而感到不舍和难过。

【神垕】

1.作者通过丰富的想象还原了当年的场景，一是表达了钧瓷的历史悠久和曾经的繁荣辉煌，二是具体的场景给予读者身临其境般的感受。

2.一是增加了"神垕"这个地方的神秘感；二是钧瓷的烧制相当不易，表达了人们希望得到一件件完美瓷器的美好祈愿。这样写与文章内容相呼应，能够加深读者的理解。

3.钧瓷是我国古代五大名瓷之一，它盛于宋，以"入窑一色，出窑万彩"的窑变现象备受世人喜爱，宋词更是和唐诗一样是我国文学史上的明珠。作者利用谐音双关和比喻的手法，把钧瓷和宋词联系起来，表明了钧瓷是和宋词一样的艺术珍宝。

【朝歌老街】

1.因为沧桑变化改变不了老街的意识，老街的气质里有着朝歌的灵魂，藏着深厚的文化积淀与人格体系。

2.作者主要从老街的历史、老街文化的传承、老街生命的延续以及老街在现代社会的状况来写。

3.因为老街的"老"主要体现在它源远流长的历史文化上，这种"老"是一种传承，而老街"不老"是因为今天的老街以崭新的姿态融入了现代社会，这片土地上的传承一直都在且不断焕发新的生机。

【道口·书院·秋声】

1. 文章采用第二人称的方式进行写作，使得欧阳修仿佛在作者身旁，同时也仿佛在读者身旁，这样写仿佛是作者跨越时空在与欧阳修对话，更容易使读者看到欧阳修的内心，更加立体地了解他。

2. 这句话实则是作者对欧阳修人生经历的描写，欧阳修的仕途坎坷，可谓一波三折，但他并没有因此消沉堕落，反而能够怡然自得，这句话表达了作者对欧阳修豁达性格的赞赏。

3. 文章结尾处作者以对《秋声赋》的朗读作为结束，省略号表达了《秋声赋》后面未读出的内容，同时这样写也使文章含蓄隽永，意味深长。

【官渡怀古】

1. 曹操是一个有谋略、懂得随机应变、果敢聪明、知人善用的政治家、军事家。

2. 这句话可以看作对成语"鹿死谁手"的扩写，以追逐野鹿来比喻争夺政权，而战争一旦爆发，不管谁胜谁败，受苦的都是百姓，作者以仓皇的小鹿来比喻官渡的百姓，表达了战争对百姓的影响。

3. "神龟虽然长寿，但也有结束的那一天；腾蛇虽能乘云雾飞行，但也终有化为土灰的那一天。"曹操一生奋力争夺的政权最终落入他人之手，但他的诗词却永久地流传了下来，作者引用的这句是对文章观点"和平与文化的影响，才能进入恒久"的说明，也增添了文章的文化底蕴。

【甘山之甘】

1. 作者主要从甘山的甘甜的柿子、甘山上拥有丰富的、可令人果腹的食物、甘山唯美的落叶以及甘山人的浪漫爱情等几个方面来描写甘山。

2. 运用了虚实结合的表达技巧，作者对杨玉环的想象是虚写，历史人物的加入增强了文章的文化底蕴，对四合院的描写是实写，显示出甘山人生活的活力，这样写表达了甘山的让人向往。

3. 甘山的柿子树是甘山的象征，代表了甘山的"甘甜"，表现出甘山的物产丰饶以及甘山人民幸福快乐的生活。

【斜雨过大理】

1. 大理的雨具有柔润、细密、缥缈、来得急等特点。

2. 这句话用了白描的描写手法，作者寥寥几笔勾勒出了洱海上的景色，仿佛一幅留白的山水画，充满着无限意境，简洁传神，引人遐想。

3. 文章的语言清新优美、形象生动、含蓄委婉、充满诗意。

【驿路梅花】

1. 梅岭驿路是古代中国对外贸易的通道，留下了很多文人墨客的足迹，它是西方同中国往来的使节路，它的存在还大大提升了古代的交通运输速度。

2. 运用了托物言志的表现手法，作者借梅的高尚品格表现了文人墨客孤清高洁、不惧凌寒的品质。

3. 文章中引用了不同的诗词对文章的观点加以说明，增强了文章的文化底蕴，同时也说明了很多文人墨客在梅岭留下了历史的印记。

第二辑　白水秋风吹稻花

【日　照】

1. 第①段由大海写起，设问大海中日出该是什么景象，自然引起下文对日照的叙写，表达了对海上日出景象的向往与喜爱之情。

解析： 本题考查学生对语句在文章中作用的分析能力。做此类题要根据语句的内容、结构、位置、语气来分析其在文章中的作用。从文章第①段的内容得知，对于大海作者是有憧憬的，以问句的方式出现，引起读者的想象，有引出下文的作用；从内容上分析看，表达了作者的感情，对海上日出景象的向往与喜爱之情。

2. 使用比喻、拟人的修辞方法，生动形象地描写了日出之后日照新城生机勃勃的美好景象，抒写了作者惊喜赞美之情。

解析： 本题考查的是学生对语句理解赏析能力。在赏析分析语句上一般从修辞方法和表现手法上辨析它在文章中的效果。在⑪段中作者运用比喻，生动形象地写出日出之后新城的景象，还运用拟人的修辞，描写出日出后动态的美好景象，表达出作者的赞美之情。

3. 太阳初露时，云边透出红光，海变成了渐深的红色颜料，太阳圆润、近而大；太阳升起时，它变成金黄色，力顶苍穹，照亮世界，唤醒了整座城市。

解析： 本题考查学生对文章中内容的分析概括能力。做这类题要从题干中找出相应的段落，逐一进行段落分析，抓住"日出的各阶段"中景象的描写进行词语概括。⑦段写太阳初升；⑧段是太阳初升时海浪的描写；⑨段写太阳正在上升的景象；⑩段写太阳升起后海上的情景。

4. 太阳从东方大海上升起的景象波澜壮阔，美丽如画；日照是多条江河入海处，是古莒国的发祥地，是大理论家刘勰的读书地，是中华传统文化的代表；具有丰富文化底蕴的日照，从古到今一直在传承中发展变化，它悠久的文化精神像日出那样永远灿烂夺目。

解析： 本题考查学生对语句的分析能力。做这类题要注意重点词语的含义，要结合全文的主题思想，"意境"可想到日照的景象，"挂图"的含义可让人们想象到日照的历史文化，对于历史文化要传承发展。

【春秋那棵繁茂的树】

1. 文章开头用了设置悬念的表现手法，作者在开头便写到"子产死了"，读者不禁产生子产是谁，他因为什么而死等一系列疑问，这样写引起了读者的阅读兴趣，引人入胜。

2. 子产在世的时候爱护山林，保护树木，还曾因此处置了三位随意砍伐的大臣；而在他死后的今天，人们为了金钱利益却在无休止地开山采石，子产如若得知，必定也会感到心寒吧。表达了作者的惋惜哀叹之情。

3. 子产是一个清正廉洁、宽厚仁慈、豁达开朗、才华横溢、克己奉公、一心为民的人。

【塘河，江南的一首词】

1. 温柔温和、灵动婉转、历史悠久、文化深厚、舒缓润泽、清新透彻等。

2. 塘河本身是具有生命的，它的婉转灵动让人流连忘返沉迷其中，同时塘河养育了河边的人，也为动植物提供水资源，因为它的存在，人们渐渐在它周围繁衍，组成村庄、城镇和城市，另外塘河还给温州带来了游客，带来了财富，使这座城市更加繁华。

3. 表达了作者对塘河的喜爱之情，作者沉迷于塘河的温柔与悠然，沉迷于它的历史与文化，同时也沉迷于它的自然与真实，作者对塘河的喜爱之情溢于言表。

【黄河口的威风锣鼓】

1. 黄河是人们的母亲河,它养育一方水土,但黄河又经常发洪水,沿岸的村庄一次又一次地遭殃,人们对黄河的感情真的是"又爱又恨"。

2. 文章结尾处提到的威风锣鼓呼应了开头,这样写使文章的内容更加完整,结构更加严谨。

3. 作者在文中所表现出的感情是激动的、兴奋的,一是因为威风锣鼓的表演本身是充满活力与激情的;二是因为黄河之水天上来的奔涌澎湃;三是因为黄河在今天得到有效治理,沿岸人民安居乐业的幸福生活令人为之动容。

【老子函谷关】

1. 老子是一个神秘、思想深刻、充满智慧、有情怀的人。

2. 尼采是德国著名的哲学家、文化评论家和诗人,同时也是一个思想家,作者在文章中以尼采对老子的喜欢说明了老子思想备受推崇,而且不光在国内受到认可赞美,国外也是一样。

3. 老子是一个神秘且随性的人,他西出函谷关后可能去教化匈奴了,也可能回到了家乡,也有可能得道成仙了。

【三星堆】

1. 采用第一人称进行写作,以三星堆自己的视角来看千百年来的沧海变幻,这样叙述亲切自然,便于直接抒情,给读者以真实、生动的感觉。

2. 三星堆文化令人震撼,它十分神秘、精妙、伟大等。

3. 这样写照应了全文的联想,作者由现实中的鸟联想到三星堆的青铜鸟铸件,另外鸟是自由的,它可以自由飞翔,作者眼中的三星堆文化或者思想也是自由自在的，只有这样才能创造出如此灿烂的文明，另外这也代表了作者对三星堆文化的美好期望，希望它能永远传承下去。

【遇见"华不注"】

1. 文章采用了欲扬先抑的手法进行写作，作者在开头先是写到了"华不注"的不起眼，进山之后忽然豁然开朗，见识到了它的无限魅力，这样写形成了强烈的对比与反差，给读者以强烈的印象，增强了文章的感染力。

2. 作者从"华不注"近千年的松柏、鳞次栉比的宫殿、悠久的历史以及文人墨客对它的喜爱赞扬几个方面来描写。

3. 作者引用历史故事来说明"华不注"的历史地位，增强了它的历史厚重感，同时印证了"华不注"虽小却意义非凡的观点。

【大运河的优美篇首】

1. 大运河的开凿，满足了南北经济交流的需要，带动了河两岸经济的发展，为古代帝王出行提供了便利，加强了中国与世界的交流，促进了中国经济的发展等。

2. 大运河和长城都是中国古代的伟大工程，长城为了抵抗外敌而建，运河为了发展经济而建，它们都对中国古代的政治、经济文化发展产生了重要影响。不同之处是在今天，大运河仍在发挥着自己的作用，助推中国经济发展，而长城更多地成为旅游胜地，成了文化符号。

3. 大运河的修建对中国有重要意义，正是古人的不怕苦累、日夜劳作才成就了大运河，体现了中国人坚韧顽强、勤劳俭朴、自强不息的民族心理。

【白水秋风吹稻花】

1. 欧阳修是一个用情至深、热爱家乡、富有才华的人。

2. 在结构上与开头相呼应，使文章结构更加严谨，在内容上作者去了欧阳修的家乡之后对他有了更深的了解和认识，再去墓地看望欧阳修，作者有了不一样的心情，想要告诉欧阳修他所日夜思念的家乡仍然是他印象中的样子，试图为欧阳修带去一丝欣慰。

3. 作者很敬佩欧阳修，被他的才华和豁达的性格所吸引，同时也很同情欧阳修，为他的人生经历感到惋惜。

【哈尼梯田】

1. 哈尼人世代以耕种梯田为生，他们的生存道理、人生感悟都写在了梯田上，与梯田息息相关，同时梯田也是哈尼人赖以生存的法宝，他们珍惜且庄重地传给子孙后代。

2. 一是因为哈尼人对自然的崇拜，二是因为稻子、水和树等给他们的生活提供了保障，使他们得以生存，将这些视为神是哈尼人的信仰和美好祈愿。

3. 哈尼人勤劳能干、热情好客、热爱生活、怡然自得等。

【荒漠中的苇】

1. 瘦削弱小、容易存活、坚韧顽强等。

2. 文章的前几个自然段是在为下文中苇的出现，作者赞扬苇的精神做铺垫，作者没有想到在环境如此恶劣的荒漠竟然看到了原应出现在水乡的苇，这种强烈的对比更突出了作者对苇的喜爱之情。

3. 表达了作者对苇的喜爱与赞美之情，苇极容易存活，但她们却十分渺小，渺小得不引人注目，即使这样苇也从未放弃生存的希望，在这个世界上野蛮生长着，释放着生命的一呼一吸，感受着世界的阳光雨露，活出了自己的精彩，作者同时也赞扬了具有苇一样精神的人们。

第三辑　柴桑苍翠

【绝版的周庄】

1. BD

解析：B项错误，通读全文可知作者没有说周庄之美已彻底改变；D项错误，"守夜的还有桥头一株灿然的樱花"，"这花原本不是周庄的"是为了说明周庄的自然之美和民族味浓的特点。

2. 运用了拟人，"睡""养成习惯"赋予周庄以人的情态，生动形象地表现了周庄的夜晚总是很早就会安静下来的特点；运用排比，句式整齐，突出了周庄夜晚的平和与安宁。

解析：本题考查的是学生对语句理解赏析能力。在赏析分析语句上一般从修辞方法和表现手法上辨析它在文章中的效果。"睡""养成习惯"是人的情态，将其赋予夜晚的周庄，形象地将夜晚安静的特点表现了出来。"没有"一词的连续运用，使文章句式整齐，着重强调夜晚周庄安静的特点。

3. ①自然朴实；②纯秀古典；③民族味浓。

解析：本题考查学生对文章中内容的分析概括能力。做这类题要从题干中找出相应的段落，逐一进行段落分析，并用词语概括。由本文的第①段、第②段和第⑦段，可总结概括出周庄的特点：自然朴实、纯秀古典、民族味浓。

4. 扑向周庄的游人太多，破坏了周庄的清净与寂寞，作者担心周庄周围的舞厅酒楼破坏了周庄的宁静、纯美的韵致。

解析：本题考查学生对题干重点的把握和对文章中内容的分析概

括能力。由题干作者对"周庄的操守能持久吗"的担忧,推断第③段前后可总结概括出答案。由第②段和第③段,可以总结出作者的担忧体现在两个方面:一方面是扑向周庄的游人太多,破坏了周庄的清净与寂寞,另一方面是周庄周围的舞厅酒楼破坏了周庄的宁静、纯美的韵致。

5.①周庄的自然和人文景观是不可再生的;②周庄有保持完好的明清古建筑群,周庄的古朴雅致是得天独厚,浑然一体的,它是无法复制的;③如步苏州的后尘,那今日看到的周庄就真成了"绝版"古镇了,警示现代人在开发和利用周庄旅游资源的同时,要保护好周庄的自然和人文景观。

解析:本题考查学生理解文章主题,准确体会作者思想感情,以及探究文本内容价值的基本能力。解答本题需要准确细致地理解文本的主要内容,从不同角度进行具体把握,突显出其具体内涵。文章重点讲述了周庄的自然和人文景观,为之赞叹的同时,也提出要保护好周庄的美丽景色。

【阳朔遇龙河】

1.作者从遇龙河的历史、遇龙河的环境以及遇龙河的人几个方面进行描写。

2.比喻的修辞手法能够更加生动形象地表达作者的感受,作者采用比喻的修辞手法更能表现遇龙河的活力与魅力。

3.作者眼中的遇龙河风景秀丽,可与桂林山水相媲美,同时它充满生机与活力。

【冰山的丛林】

1.冰山丛林古老神秘、巍峨挺拔、锋利无比等。

2.这句话运用比喻的修辞手法将冰山拟人化,生动形象地写出了冰山高大与壮观。

3.作者被所见到的冰山奇观所震撼，在它的面前人显得十分渺小，冰山丛林孕育了涓涓细流，而这涓涓细流汇聚成奔涌的长江黄河孕育了人类，作者对冰山丛林充满敬畏与感激。

【大河壶口】

1.作者主要从壶口的险、壶口的奇、壶口的美和壶口的精神来进行描写。

2.正所谓"经历风雨才能见到彩虹"，要想见到平原和大海，必须先经过磨难，同时这句话也在告诉我们不要轻易放弃，因为路的尽头有着想要追寻的美好。

3.那是一种热烈奔放、野蛮生长、顽强不屈的精神。

【柴桑苍翠】

1.岳飞得以千古留名，除了他自身的努力外，还与他的母亲分不开，岳母给了岳飞最大的支持，同时给了儿子强大的后盾，正因如此，岳飞才能在战场安心杀敌。另外，岳飞的妻子替他尽孝，也给了他莫大的安慰。

2.这句话采用暗喻的修辞手法，将家庭比作细胞，将母爱比作校正仪，生动形象地写出了家庭对社会的作用以及母爱对人的影响，母亲又是一个家庭中的核心人物，这里作者赞扬了岳母对岳飞的良好教育。

3.岳母不仅是一位伟大的母亲，也是一位坚强、明智的女性，她为山河飘零而忧伤，为国将不国而悲愤，教导儿子要报效祖国，文章表达了作者对岳母的歌颂、赞扬之情。

【春来草自青】

1.小草数量多、普通、生命力顽强等。

2. 作者在此处引用白居易的诗很好地说明了小草生命力顽强的观点，小草用自己的实际行动印证了这句诗，同时增添了文章的文化底蕴。

3. 小草虽然普通，但它的生命力非常顽强，即使没有人关注它，它也会顽强地存活着，作者欣赏小草永不放弃的精神，也倡导人们学习小草的精神。

【惶恐滩头】

1. 作者主要从惶恐滩的恶劣环境、乘船老者爷爷的故事以及诗人苏轼和辛弃疾的经历来描写的。

2. 文章采用了虚实结合的表现手法，作者站在惶恐滩的滩头，在虚幻与真实间穿梭古今，感受着惶恐滩所带来的一切，这样写形成强烈的对比效果，为读者提供了广阔的想象空间。

3. 诗句的引用丰富了文章的内容，增强了文章的文学色彩，同时说明很多人经历过惶恐滩的险，增加了文章真实性。

【鲲鹏之树】

1. 年岁长、盘根错节、顽强、孤傲等。

2. 这棵巨大的银杏树已经存在了四千多年，它比绝大部分的树存在的时间都要长，它的种子也在不断孕育着新的生命，透过这棵千年老树，人们似乎可以参透生命，有所感悟，它成为很多人的心灵寄托。

3. 作者眼中的老银杏树代表了岁月变迁、代表了顽强的精神、代表了生命的启示、代表了思乡的情结等。

【太行大峡谷】

1. 这篇文章按空间顺序进行写作，作者依次描写了八泉峡的石峰、水、植物、栈道和远处的麦浪等，按照作者所见由近及远依次描写。

2. 这句话采用夸张的修辞手法写出了作者一行人初见八泉峡时的场景，他们先是非常兴奋地尖叫，继而是被眼前的美景震撼到失声，不知道用什么样的语言来形容，写出八泉峡的景色之秀丽。

3. 作者由一开始的兴奋震惊慢慢地转变为好奇，被八泉峡的一切吸引，待心情渐渐平复开始思考这里发生的故事，最后再次沉迷于它的美景，依依不舍，流连忘返。

【洞头望海楼】

1. 因为望海是望海楼的主要作用，登上望海楼看大海，能够看得更远更广，能够看到大海无以言说的力量，一望无际的大海显示出人的渺小，引发人的无限思考，作者写望海实则在侧面描写望海楼。

2. 作者运用比喻的修辞手法，生动形象地写出了帆在大海航行时的场景，引人无限遐想。

3. 文章中表达了作者对望海楼的赞美与喜欢之情，作者喜欢看海，对望海楼格外的喜爱，望海楼所承载的文化也令作者心向往之。

第四辑 明湖春柳

【荔江之浦】

1. "竟然"表现出作者拉开窗帘看到美景时的惊喜之情。把眼前的江景直接说成了"一幅画"，运用比喻，展现美丽的江景，总领下文对荔浦美景的描写。

解析：本题考查学生分析文本内涵的基本能力。解答时要结合文本相关信息进行把握，这是本题的关键所做在，"竟然看到了一幅画"表现作者看到画的时候的一种惊喜情怀，"一幅画"是比喻的修辞，进一步展示出美丽的江边景致，同时为下文的具体描写埋下伏笔，显示出文本的艺术特色，考生可据此分析。

2. 第④段选取水这一意象，渲染水在这片天地处处存在的特质，植物、人、人说话都带有水，水、人、物融为一体，写出荔浦风土人情的特点。

解析：本题考查学生分析文本内容，把握作品意象的基本能力。这是解答的关键，"水"这一意象，渲染出荔浦这里天地之间处处水润的特质，展现出一种美好的生活状态，凸显出荔浦风情，考生可以据此分析。

3. "涌"字结合船行情景，化岸上静景为动景，富有动感，体现砂糖橘数量之多，金黄色之浓重，与"一片"相对应，准确描摹出金黄色迎面而来的观感。

解析：本题考查学生分析文本关键语句含义的基本能力。解答时要结合文本内容进行分析，从修辞、表现手法等角度进行把握，"两岸涌来一片黄金"中的"涌"，将岸上的景物进行具体化，体现出砂糖橘的数量庞大，同时呼应前文，突出一种画面感，使得作品具有内涵。

4. 荔浦丰富的物产，养育了世世代代的荔浦人；荔浦特殊的自然环境，养成了荔浦人的生活习惯；荔浦人的娱乐生活及生命的重大活动，都与荔江息息相关；荔江造就了荔浦人的特殊性格；荔浦的美景和物产使荔浦人对这片土地充满依恋与热爱。

解析：本题考查学生探究文本内容价值的基本能力。解答本题需要学生准确细致理解文本的主要内容，从不同角度进行具体把握，突显出其具体内涵。文本对荔浦丰富的自然产物进行具体描绘，突出江水对这里世世代代人们的一种养育之恩，表现的是一种精神情怀，荔浦人民千百年来与这里的自然环境形成了一种不可分离的关系，其人格特质、性格特点与这里的一切息息相关，表达出一种依恋之情。

【留一个夜晚，给婺江】

1. 作者是从婺江的景色、文化以及历史等几个方面来写的，介绍了婺城、八咏楼、婺剧等，表现了婺江人的幸福生活。
2. 作者提到李清照来婺江时的所见，借李清照之口道出婺江的广阔，似乎产生了跨越历史的共鸣，这样写丰富了文章内容，也增强了文章的文化底蕴。
3. 婺城人的生活十分地恬静、悠然，在婺城，整个人会不自觉地慢下来，悠悠地享受岁月的宁静，这样的生活节奏融入了婺城人的骨子里，他们为此感到幸福不已。

【梅雨潭】

1. 作者眼中的梅雨潭是美丽的、神秘的、令人敬畏的、令人向往的。
2. 朱自清在温州执教不到一年的时间，就三次前往梅雨潭，无论是为它写文还是为它题词，都源于对它的喜欢，作者多次提及朱自清是为了展现梅雨潭的魅力，也表达自己对它的强烈喜欢。
3. 文章的语言优美，充满诗意，这与梅雨潭本身是分不开的，静静流淌的梅雨潭仿佛就是一首抒情的散文诗，令人着迷。

【明湖春柳】

1. 因为济南多泉，正是由于多泉的汇流才形成了大明湖，湖水又滋养湖边的柳树，二者之间密不可分，缺一不可，这样写过渡自然。
2. 大明湖柳处处可见、依水而居、千姿百态、性情柔美、充满活力、沾染了文化气息等。
3. 文章中提到了李清照、辛弃疾、曾巩等人的事迹，叙议结合，写出了他们与大明湖垂柳的密切联系，证明了济南多名士的说法，增加了济南这座城市的文化底蕴。

【陕州地坑院】

1.陕西地坑院具有神秘原始、生活方式简单、历史悠久、文化深厚等特点。

2.地坑院相较外界来说比较封闭,这里的人生活简单,性格也简单,他们朴实能干、性格刚毅、容易满足、真诚纯朴。

3.文章结尾表达了作者对地坑院未来的发展深深的担忧之情,随着社会的发展和地坑院与外界接触的增多,越来越多的年轻人开始走出地坑院,只留下一些年迈的老人还在坚守,作者对地坑院文化产生担忧,怕它不知哪一天便消失不见了,结尾处也透露出作者对文化的反思。

【时光里的黄姚】

1.作者笔下的黄姚像是一位古典端庄的女子,她不急不慢、热情真挚地迎接远道而来的客人,一把将他们拥入自己的温柔与浪漫中。

2.黄姚之所以是黄姚,正是由个体的相互融合、和谐统一带来,老树和老街、宗祠和码头、老字号和新招牌等,这些都是黄姚的一部分,它们融合在一起才是真正意义上的黄姚。

3.文章中处处透露着作者对黄姚的喜爱之情,在这里作者感受到历史文化的沉淀,感受到别样的浪漫,感受到远离尘世喧嚣的宁静,感受到蓬勃向上的生命力。

【太姥山】

1.太姥山具有亲切自然、深沉浩瀚、低调沉静、不浮躁不虚飘、饱经沧桑等特点。

2. 文章按照时间的顺序进行写作，作者先是写了黎明时分的山中景色，再写日出之时太姥山的景物，最后写到夕阳落下之后太姥山的故事，这样写文章脉络清晰，一目了然。

3. 作者将太姥山看作自己的一位长辈，在她面前作者变得渺小和透明，因为这位长者已经见过了太多的人，参透了太多的事，表达了作者对她的向往与依恋之情。

【潍坊的风筝】

1. 潍坊人十分乐观快乐、不受拘束、热情豪爽、充满浪漫、热爱生活等。

2. 这句话采用拟人的修辞手法，赋予了云和风筝生命，生动形象地写出风筝漫天的场景。在潍坊，天空是属于风筝的，潍坊的云好像也深知这一点。

3. 风筝的特点是自由自在，不受拘束，作者将潍坊比作风筝，生动形象地说明了潍坊这座城市的特点，它自在，向上，充满活力。

【夕阳·大海】

1. 本文主要以时间为线索进行写作，从一开始的等日落到日落时再到日落后，作者以时间贯穿全文，使文章的内容井然有序，和谐统一，结构更加缜密严谨。

2. 这句话运用比喻的修辞手法将海上夕阳比作穹幕电影，生动形象地写出了当时的场景，人们都在静静地等待海上日落，仿佛在等待电影的开场。

3. 正所谓"触景生情"，不同年龄段的人看到夕阳会产生不一样的想法，像文中的姑娘，她在青春的年纪看夕阳感受到的更多的是大自然的魅力，而较她年长的作者可能感受到的是对生命的思考。

【面对一条河】

1. 这是一条历史悠久、文化深厚、促进了经济发展的古老河流。

2. 作者分别从运河的历史、运河创造的文化、运河带来的灾难以及运河的现在等几个方面来描写大运河。

3. 人老了，河也老了，大运河已经存在了很多年，它陪伴了一代又一代人的成长，承载了一代又一代人的记忆，很多人即使老去也不愿意离开，就默默守护在河的身旁，作者通过这两位老人表达了人们对于大运河深厚的情感。

中高考热点作家

中考热点作家

序 号	作 者	作 品
1	蒋建伟	水墨色的麦浪
2	刘成章	安塞腰鼓
3	彭 程	招 手
4	秦 岭	从时光里归来
5	沈俊峰	让时光朴素
6	杜卫东	明天不封阳台
7	王若冰	山水课
8	杨文丰	自然课堂——科学视角与绿色之美
9	张行健	阳光切入麦穗
10	张庆和	峭壁上，那棵酸枣树

高考热点作家

序 号	作 者	作 品
1	王剑冰	绝版的周庄
2	高亚平	躲在季节里的村庄
3	乔忠延	春色第一枝
4	干必胜	写好你心中的风景
5	薛林荣	西魏的微笑
6	杨海蒂	北面山河
7	杨献平	人生如梦，有爱同行
8	朱 鸿	辋川尚静